区块链+时代

从区块链1.0到3.0

郑 磊　蒋榕烽　等编著

化学工业出版社

·北京·

《区块链+时代：从区块链1.0到3.0》把区块链技术的核心知识以通俗易懂的语言向读者娓娓道来，讲述了以比特币等加密数字币为代表的区块链应用技术的前世今生以及区块链未来应用的蓝海。本书试图让读者了解：全球创新领域最受关注的区块链技术到底是什么？它的基本原理是怎样的？令人心驰神往的区块链技术当前有哪些现实应用？未来的发展方向是什么？区块链技术的应用会给人类社会开辟一个怎样的全新世界？它将如何改变我们的生活？

《区块链+时代：从区块链1.0到3.0》可供所有对未来金融、区块链技术感兴趣的读者阅读与参考。

图书在版编目（CIP）数据

区块链+时代：从区块链1.0到3.0 / 郑磊等编著.—北京：化学工业出版社，2018.9
ISBN 978-7-122-32687-4

Ⅰ.①区… Ⅱ.①郑… Ⅲ.①电子商务-支付方式-基本知识 Ⅳ.①F713.361.3

中国版本图书馆CIP数据核字（2018）第159946号

责任编辑：满悦芝 曾小军　　　　　　文字编辑：王　琪
责任校对：杜杏然　　　　　　　　　　装帧设计：尹琳琳

出版发行：化学工业出版社（北京市东城区青年湖南街13号　邮政编码100011）
印　　装：北京东方宝隆印刷有限公司
880mm×1230mm　1/32　印张 $9\frac{1}{4}$　字数136千字　2018年12月北京第1版第1次印刷

购书咨询：010-64518888
售后服务：010-64518899
网　　址：http://www.cip.com.cn
凡购买本书，如有缺损质量问题，本社销售中心负责调换。

定　价：68.00元　　　　　　　　　　　　　　　　版权所有　违者必究

《区块链+时代：从区块链1.0到3.0》
金融科技（FinTech）指导专家

梅　昕　瀚德共享科技实验室有限公司副总裁，
　　　　全球金融科技实验室主任，
　　　　前IBM全球管理咨询合伙人

张博辉　香港中文大学（深圳）校长讲席教授，
　　　　深圳高等金融研究院副院长

杨小虎　浙江大学互联网金融研究院副院长，教授，
　　　　全球金融科技实验室专家顾问

张韶辉　博士，资本市场学院副院长

蒋榕烽　招银国际资产管理有限公司董事，总经理

谢云立　招联消费金融首席市场官

前言

有人把 2018 年称作"区块链技术"的元年。

这很容易让人联想到当年的"互联网元年"。中国当时虽然没有赶上头班车,但今天已然成为全球互联网大国。人们显然对"区块链"也抱有同样甚至更高的期待,这一次,我们及时踏上了"首发快车"。

从春节期间"三点钟未眠区块链"微信群,到《人民日报》三月份连续发布整版文章"三问区块链",区块链技术无疑成为从政府到市民关注的一大热点。在区块链概念被引爆的同时,也引发了广泛的焦虑。区块链技术是否真的会成为下一次工业革命的导火索?区块链技术到底能够做什么?区块链是否将改变我们的生活?大家期待得到答案。

本书是在这个背景下应运而生的,背后的原因只有一个:我们正在进入互联网的高级发展阶段,这是一个 AI(人工智能)+ 机器人的万物互联的世界;而区块链技术可能就是其中必不可少的"胶水",通过这个技术,把各种日常应用情景和要素黏结起来,形成一个各自独立又高度相互依赖的网络社会。

有专家指出区块链技术是继蒸汽机、电力、信息和互联网科技之后,目前最有潜力触发第五轮颠覆性革命浪潮的核心技术。不管你相不相信,反正我信了,我相信这是一种基础技术。尽管这种技术目前还有不少问题有待解决,需要不断完善和改进,甚至在这基础上有可能会出现更有效的技术,但这种技术是"元技术",是后续一些相关连接技术之母。

在过去的一年中，区块链技术已成为全球创新领域最受关注的话题，受到风险投资基金的热烈追捧。

央行表态积极推进官方发行的数字货币之后，中国越来越多的金融机构开始关注数字货币背后的创新技术——"区块链(blockchain)"。根据2017年区块链技术专利的统计，中国央行及其下属机构获得的专利数在全球遥遥领先，中国和美国在区块链技术研发投入方面难分伯仲。

然而，对于什么是"区块链"，以及它将会给银行业带来什么影响，大多数的银行高管和从业人员仍然心存诸多疑问。《人民日报》连发三篇文章，列举了区块链除比特币之外在众多领域的应用，提出监管机构应该主动介入，区分是技术创新还是集资创新，更好地推广和使用区块链技术。区块链技术应用成为两会代表热议的话题，而在民间，人们对于这种被寄予很高期望的技术更是充满求知欲与好奇心。

真正介绍区块链知识的科普读物应该是深入而浅出地把其核心知识呈现给读者。这是一大挑战，本书尝试为大众提供一本通俗小册子，希望在不扭曲知识的前提下，尽量做到老少咸宜、开卷有益。

本书仍从大众最关注的最基础的区块链技术应用讲起，比特币是区块链技术1.0的一个最早应用，也是影响力最大的应用。但是这里面存在太多问题，我们不应回避，而应批判地看待这个技术创新产物。笔者认为，包括比特币在内的基于区块链技术1.0开发的各种加密数字

"货币"，只是区块链技术的初级和边缘性应用。这个应用本身具有一些重大的局限性，甚至可以称作缺陷。

有不少人把比特币等同于区块链技术，这是一种错误认识，本书将讨论它们之间的联系。如今，区块链技术已经发展到了 2.0 时代，在金融、信用等领域有了很多新的应用场景。这些远比区块链加密数字"货币"更有现实意义和社会价值。本书将用大量篇幅探讨区块链技术 2.0 的这些核心应用。最后我们展望区块链技术 3.0 在更广泛的社会经济领域的应用前景。每一章的最后为大家列出了推荐进一步阅读的参考资料，"参考阅读"部分列出了比特币的交易情况，并汇总了一部分区块链技术 3.0 应用场景，供读者参考。希望通过阅读本书，可以帮助读者树立正确的技术观念，对读者之后再深入系统研究感兴趣的特定区块链应用有所裨益。

尽管本书力争采用明晰的形式和简单易懂的文字介绍区块链技术和应用，但在思想深刻性方面并没有降低要求。本书明确提出了"加密数字币"的说法，以明显区分"加密数字货币"，因为包括比特币在内的这类币，只能算作数字资产而不是货币。同时我们指出区块链最重要的特性是建立不依赖于第三方的信任机制，而不是"去中心化"。是否中心化，这是一个伪问题，不是区块链技术的核心特征。在可见的未来，人类社会的中心化程度会有高低区分，但不会没有中心。同理，加密数字币无法取代法币地位。

这本书虽然篇幅不大，但却是众多专家参与创作的一本区块链技术科普读物，作为执笔作者，我衷心感谢以下各位专家的参与，他们献计献策，提供资料，参与了部分内容的讨论，甚至参与了部分内容的写作。尤其要感谢曲佳欣同学（就读香港中文大学市场营销学硕士），在毕业前抽时间参与本书第1章、第5章和参考阅读的写作，感谢她对资料快速、精细的整理和总结，能够逻辑严谨、重点突出地帮笔者分析大量区块链技术领域的资料和信息。杨望、田黎、师麟霞、张莉、王丙国、郭善琪、徐慧琳等提供了大量案例素材。朱红燕、张莉、虞月君、李桢等提供了联络和资料整理等辅助工作。笔者还在专业方面得到全球金融科技实验室主任梅昕、招联消费金融首席市场官谢云立等专家的大力支持。感谢为本书制作插图的作者，生动形象的漫画提高了本书的可读性。此外，还要感谢其他参与本书创作和讨论的专家。

本书参考了大量已有的国内外区块链技术资料，为了给需要了解更多技术细节的读者提供有价值的进一步阅读参考，我们在书中相应地方列举了其中部分文献。按照科普书的惯常做法，参考文献和作者无法一一列出，还请见谅。本书难免有粗疏遗漏之处，也请各位读者海涵，并欢迎提出宝贵意见。

编著者
2018年10月

目录

第1章 比特币泡沫与ICO / 001
1.1 暴涨暴跌的比特币神话 / 003
1.2 比特币洪水猛兽出笼 / 012
1.3 一地鸡毛ICO / 022

第2章 比特币不重要，关键是区块链 / 029
2.1 令人怦然心动的区块链技术 / 030
2.2 区块链的应用空间：你能想多远，就能走多远 / 037
2.3 去中心化，你咋不上天 / 045

第3章 了解区块链的技术核心 / 053
3.1 分布式账本不是常见的分布式数据库 / 054
3.2 通证——信任和共识的通行证 / 060
3.3 硬币的两面——加密和安全 / 069
3.4 智能合约——扯皮赖账者止步 / 073

第4章 数字货币的哥德巴赫猜想 / 079
4.1 数字货币时代你能见得到 / 081
4.2 数字货币拒绝"去中心化" / 086
4.3 未来的社交圈——token经济生态圈 / 092

第 5 章 区块链是商业润滑剂 / 099
5.1 科斯几页纸摘取诺贝尔奖 / 101
5.2 银行业抢占区块链高地 / 107
5.3 受惠区块链的其他金融机构 / 133

第 6 章 区块链打造万物互联的世界 / 143
6.1 智能机器人 + 区块链 / 145
6.2 区块链为物联网"止痛" / 150
6.3 物联网上的区块链"胶水" / 152

第 7 章 区块链与大数据和云计算 / 161
7.1 杜绝网络"杀熟" / 162
7.2 数据价格的区块链标签 / 165
7.3 区块链上"云" / 169

第 8 章 加上人工智能飞翅的区块链 / 175
8.1 提高区块链"智商" / 177
8.2 人工智能的"经济引擎" / 181
8.3 未来方程式 / 186

参考阅读 / 193

- 参考阅读 1 区块链商业应用场景 / 194
- 参考阅读 2 比特币"过山车"行情重要节点 / 266
- 参考阅读 3 我国政府有关比特币、代币发行融资的风险通知 / 275

写在后面的话 / 283

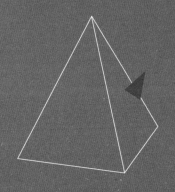

Chapter 1

第 1 章

比特币泡沫与ICO

> 如果你买了比特币或一些加密货币,这些东西不会产生任何东西,你只是希望下一个接盘者付出更多。
>
> ——沃伦·巴菲特

数字币在 2017 年迎来了爆发期,一年时间比特币的涨幅为 13 倍,以太坊涨了 100 倍。

人们纷纷感叹,这真是"币圈一年,人间十年"。比特币发烧友们热衷埋头挖矿的境界,一点不亚于"淘金"❶。全球大约四分之三的比特币矿场在中国。作为电子产品市场风向标的深圳华强北,不少店铺都换下"电脑配件"的招牌,挂上了标有"矿机出售"的荧光板。不少媒体报道过矿机在华强北"一机难求"的火爆场景。

实际上,比特币的大跌和爆发一样引人注目,下面列举其火爆的 2017 年的几次大幅下跌:

2017 年 3 月 10 日至 3 月 24 日,比特币从 1326 美元跌至 892 美元,跌幅为 33%;

2017 年 6 月 11 日至 7 月 16 日,比特币从 3025 美元跌至 1837 美元,跌幅为 39%;

2017 年 9 月 2 日至 9 月 13 日,比特币从 5014 美元跌至 3766 美元,跌幅为 25%;

---

❶ 有数据显示,目前,国内炒币玩家在 500 万人左右,全世界玩家有 5000 万人。

第 1 章 比特币泡沫与 ICO

2017 年 12 月 17 日至 12 月 30 日，比特币从 19850 美元跌至 11690 美元，跌幅为 41%。

时间转到 2018 年，1 月 7 日至 2 月 6 日，比特币价格从 17169 美元跌至 5781 美元，跌幅为 67%；春节后，2 月 21 日至 3 月 9 日，比特币从 11788 美元跌至 8342 美元，跌幅为 29%。

3 月 7 日，币安黑客事件后，比特币价格在 1 小时内下跌超过 10%，跌破一万美元大关。春节过后，比特币跌幅在 50% 左右，而其他数字币种，更是跌去了 70%。3 月中旬，比特币已经跌破 8000 美元，94% 的"首次代币发行"（Initial Coin Offering, ICO）项目破发，币价大跌❶。90% 的炒币者开始亏钱，炒作比特币暴富时代的帷幕开始徐徐落下。更有研究者预测比特币的价格将跌到 2900 美元以下。

1.1 暴涨暴跌的比特币神话

时代进步了，大家在熟练使用支付宝、银行卡、微信等电子

---

❶ 据 Coinmarketcap 统计主流交易所数据显示，2018 年后新增币破发率高达 94%。

支付手段之后,似乎也对肉眼看不见的数字币习以为常了。

比特币,很多人都听说过,但大多数人没见过。人们看到的也许是图1.1这样的"币"。

金光闪闪亮,上面还镂刻着密密麻麻复杂的电子线路,这就是传说中的比特币的真容吗?不是的!

图1.1 比特币

比特币,你看不见。那是一个数字资产,简单而通俗的说法,就是一串计算机代码(图1.2)!

这就是比特币和人们生活中常用的数字形态的货币不同之处。不管你用哪种电子(网络)支付方式,支付的对象都是国家法定货

第 1 章 比特币泡沫与 ICO

币,比如人民币、日元、美元等。它们都是由某个国家或地区法定货币发行机构发行的法定货币。只是在支付过程中体现为电子化的一串数字代码而已。

图 1.2 比特币是数字资产

而比特币不同,它不是由某个国家或地区法定货币发行机构发行的!实际上,任何人都可以参与比特币的发行。更有趣的是,任何人都可以发行类似比特币的这类"币"。这一特点现在已经被广大群众熟知,据不完全统计,目前各种类似比特币的"币"种,有名有姓的就已接近2000种了(图1.3)。

可是,全世界只有150多个国家和地区,国家法定货币不超过200种,而真正被多个国家接受的货币不到30种,作为各国都接受的国际储备货币的种数就更少到不足10种。

图1.3 各种数字币

在这种情况下,你当真会把比特币之类的"币"当成货币吗?这不是一个脑筋急转弯问题,也不是问幼儿园孩子的问题,作为成年人,这个问题的答案似乎非常明显。

可是上天又一次和人类开了一个雅俗共赏的大玩笑。

第 1 章 比特币泡沫与ICO

2010年5月22日，一位住在美国佛罗里达州名叫拉兹洛（Laszlo Hanyecz）的程序员，花了一万个比特币，购买了两个比萨（图1.4）。按照2017年11月的比特币交易价格，价值1亿美元。而当时那两个比萨，价格约41美元！

图1.4 2010年5月22日拉兹洛用比特币购买的比萨

这不是神话，也不是笑话。2010年5月18日，我们的主人公拉兹洛在比特币论坛BitcoinTalk上发帖称："我可以付一万个比特币来购买几个比萨，大概两个大的就够了，这样我可以吃一个然后留一个明天吃。你可以自己做比萨也可以在外面订外卖然后送到我的住址。"他甚至对自己的口味偏好做了要求:"我喜欢洋葱、胡椒、香肠、蘑菇等,不需要奇怪的鱼肉比萨❶。"5月22日拉兹洛发出了交易成功的炫耀帖,表示已经和一个叫Jercos的程序员完成了交易❷,还附上了比萨的图片。

有人调侃这位"程序员"应该已经哭晕在厕所了。事实上他却没有。

2018年2月25日,这位兄弟又用比特币购买了两个比萨(图1.5)!这一次他只支付了6490000聪,即0.00649个比特币。大家可以大致计算一下,在这8年里,比特币升值了多少倍,由于计算结果中零的个数太多,此处从略。

写到这里,连笔者都热血沸腾了!这真是技术发展史上的一个奇迹。太有趣了!

---

❶ 有人专门验证了这次交易:在比特币区块高度57043上找到了这么一个转账记录,在2010年5月22日确实有一笔10000BTC的转账,与比萨日的日期相符,当时的转账费高达0.99BTC。

❷ 这位喝到"头啖汤"的幸运儿在2016年接受了媒体访问。Jercos非常年轻,用两个比萨换一万个比特币那年是19岁。他告诉记者说自己在比特币刚创世的2009年就关注了这项技术,并成为了出入各大极客论坛的一员。他与买比萨的拉兹洛并不认识,但是总是在同一个聊天室(IRC)出入。谈到一万个比特币的去向时,他表示在第二年他把这一万个比特币以400美元的价格出售了,回报率为10倍。

第 1 章　比特币泡沫与ICO

图1.5　2018年2月25日拉兹洛和他购买的比萨

当然，这件事不仅仅是个游戏，比特币作为一种加密数字币，它不仅部分实现了与现实商品的交易❶，还作为一种金融产品上市

---

❶ 北京一家餐馆开启了比特币支付。这家位于朝阳区大悦城的餐馆从2013年11月底开始接受比特币支付。消费者在用餐结束时，把一定数量的比特币转账到该店账户，即可完成支付，整个过程类似于银行转账。该餐馆曾以0.13个比特币结算了一笔650元的餐费。世界首台比特币自动提款机2013年10月29日在加拿大温哥华启用，通过提款机，用户可以从比特币账户中取出按比值对应的加拿大元现金，也可将现金存入比特币账户。2014年1月，Overstock开始接受比特币，成为首家接受比特币的大型网络零售商。2014年9月9日，美国电商巨头易贝（eBay）宣布，该公司旗下支付处理子公司头脑树（Braintree）将开始接受比特币支付。该公司已与比特币交易平台Coinbase达成合作，开始接受这种相对较新的支付手段。旅行房屋租赁社区Airbnb和租车服务Uber等Braintree客户将可开始接受这种虚拟货币。

交易了！这就不只是换购2只大比萨的问题了，这是一次理想世界"货币"与真实世界货币——美国法定货币美元的亲密接触。

我们看看早期比特币与美元的交易价格波动情况，见图1.6。

比特币最初是在某些小型专门交易所交易，开始时只是一些电脑潮人和极客在玩，直到2013年，随着比特币被某些商业机构作为商品交易媒介的身份被认可，一些机构投资者开始涉足，价格开始上涨，随着媒体和公众的介入，比特币价格开启了暴涨暴跌的波动模式。这种价格曲线非常类似高风险金融品的价格波动曲线。

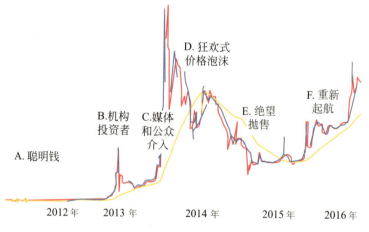

图1.6 早期比特币与美元的交易价格波动

2015年，在一轮炒作泡沫破灭之后，比特币价格波动重新活跃，进入一波更加诡秘难测的"过山车"行情。

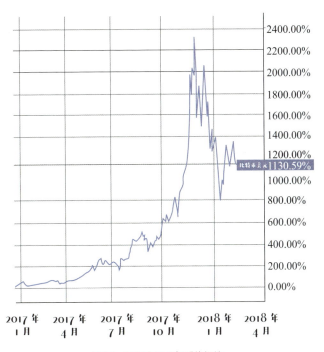

图1.7 比特币2017年后的行情

2017年，所有涉足比特币的人都经历了一段跌宕起伏的人生。从图1.7可以看出，只有在2017年10月之前买入比特币的人，才能够盈利，盈利倍数在3～8倍之间。而不幸在此后买入的人，遭受的亏损巨大，最高价格跌落达到 4 倍左右。有关上述情形的形象比喻是一个中产阶层可以在半年内晋升为富裕阶层，而一个富豪也可以在 3 个月之内变得一贫如洗而去建筑工地搬砖。

2017 年 11 月 6 日，比特币价格在 6000 美元左右，随后的一个月时间里面，比特币以过山车的速度狂涨到 2 万美元左右，上升角度接近 90°，比特币这个过山车让无数人感到刺激和恐慌。

不知道你怕不怕，反正我是真怕了。

"币圈"一年，就是你的一辈子！一半是海水，一半是火焰？不是，绝对不是！实际情况就是星星点点火焰加上漫无边际的海水，足以让你遭受没顶之灾！

1.2 比特币洪水猛兽出笼

比特币是洪水猛兽。

它是在特殊时期诞生的奇特物种。

故事要从那场百年罕见的全球金融危机开始。

一位自称中本聪（Satoshi Nakamoto）的家伙把比特币这个"妖

第 1 章 比特币泡沫与ICO

怪"放出了"潘多拉魔盒"。此人至今身份不明。这个看似日语姓名的单词,可能只是某个神秘人物的代号,就像他本人是密码学专家一样神秘难解❶。

2008年11月1日,中本聪在一个密码人聚集的论坛上发表了对一种电子货币的新设想❷,2009年1月3日,比特币正式诞生并完成了首笔交易。中本聪正式被认定为"比特币之父"。9天以后,中本聪向密码学专家哈尔·芬尼转账了10个比特币。这是人类历史上第一次摆脱受信第三方金融机构而完成的点对点交易。

哈尔·芬尼是中本聪的第一个支持者,本来也许他能够解开"中本聪是谁"的谜底,可惜的是,他后来患上了渐冻人症,于2014年8月去世。

有个非常时髦的流行观点认为,比特币的创始人不仅是个技术极客,也是一个有政治理想的人。因为他对中心化的这个世界绝

---

❶ 中本聪最后一次在网上公开露面是在2011年,维基解密网站宣布支持比特币捐赠,社区一片欢呼。消失已久的中本聪却在论坛发帖警告这不是一个好消息,他建议阿桑奇不要接受比特币捐赠。维基解密后来淡化处理了这件事。
❷ 那一天,"密码学邮件组"里出现了一个新帖子:"我正在开发一种新的电子货币系统,采用完全点对点的形式,而且无须受信第三方的介入。"

望了，认为每个人都应该平等地掌握自己的命运，包括发行自己的货币。科技思想家亚当·格林菲尔德（Adam Greenfield）总结了以下观点：

参与设计它的人们从根本上丧失了对中心化机制的信任，无论这些机制是国家的还是私人的。他们（区块链的创造者们）从根本上想要将事物去中心化，令世界由独立的个体组成，这些个体彼此建立契约式的私人关系，这样整个世界就绝少有自愿连接的个体之上的组织存在。

显然这是一个"乌托邦"世界的构想，属于无政府思想流派。这种思潮自古至今都存在着，但从来都没能成为社会主流思想。其实，比特币发明人的初衷也未必如此。中本聪在比特币论坛的片言只语，表明他的基本目标是取代金融中介机构，直接实现网上的点对点支付。比如他曾明确说过：我们没想要领导"匿名货币"或者"游离于政府外的货币"，"我绝对没做过如此嘲讽和断言"（中本聪2010年7月5日论坛发言）。

有关"去中心化"的社会理想属于哲学层次范畴，我们先暂时放下这个话题，看看比特币是怎么一回事。

第 1 章 比特币泡沫与ICO

比特币是用电脑"算"出来的,是借助于网络进行流转和交易的,而不是某个国家或国家联盟的中央银行比如美联储、中国人民银行、欧盟央行发行的。

比特币也是用电脑"挖"出来的,这个工作有个专用名称"比特币挖矿"。其实和挖矿不同,使用电脑按照一套复杂的算法(计算哈希值)进行运算,每得到一个正确结果,就相当于获得了特定数额的比特币❶。所以叫作"挖币"似乎更准确。

比特币是由中本聪设计出来的东西,他定义了整个"游戏玩法",其中最重要的规则是:

① 能挖出的比特币总数量是有上限的,一共有2100万枚比特币;

② 用于"挖矿"的算法难度会自动提高,可以让挖币的效率保持基本一致,即大约10分钟可以挖出一枚比特币;

③ 所有交易都用比特币结算。

---

❶ 中本聪规定了奖励数额,一开始(2008年)是50个比特币,然后每4年减半,2018年是12.5个比特币。

货币是随着商品交易的发展而出现和不断演化的，开始时，人类商品交易是没有货币作为中介的，直接用自己的物品交换想要的别人的物品。而比特币也不是凭空出现的，它是为了鼓励"记账工作"而诞生的。中本聪发明了一种分布式账本记账法，具有非常高的保密性和安全性，这种记账不是我们通常见到的那种在纸质账簿上分别记录"借记"金额和"贷记"金额的做法，而是包含了非常复杂的密码学"加密"和"解密"算法。通过解密，才能顺利地将一笔交易记录在一种特殊的电子账簿上。这种特殊的电子账簿被称作"区块"，也就是数据块❶。在每个数据块上可以同时记录多笔交易，然后封存起来，传递到下一个新的数据块上，这就像账目结转，新的一批交易将记录在这个新数据块上。这些记满交易数据的块，之间以密码钥匙链接起来，就成了一条链，称作区块链（图1.8）。后面还会详细介绍区块链这个概念。

---

❶ 中本聪制订的规则为一个区块最大可以是1MB，如果一笔交易按照500字节算，一个区块最多可以记录2000笔交易。也就是一个区块可能包含了2000笔左右的交易记录。

第 1 章 比特币泡沫与 ICO

图1.8 区块链

整个解密过程需要用电脑采用特殊算法进行海量计算,所以无论电费还是花费的时间都比一般会计记账繁琐得多,而且更要命的是,这个工作是竞争性的,同时尝试记录这笔交易的人可以有很多人,最终要看哪个人运气好。经过大量的计算机计算之后,第一个正确地完成解密工作的人,才算大功告成。而其他人就等于白干了,这非常类似电子游戏,胜者通吃。

这种记账工作,在区块链时代,已经不叫"簿记"了,做这项工作的人,也不叫会计了,而是分别称作"挖矿"和"矿工"了。所有交易数据都由"矿工"负责记入区块,他们不需要懂复式簿记法,也不需要持有会计证才能上岗,他们使用的工具是一种专用计算机,叫作"矿机"。

这种记账工作还有一个突出优点是,你要想当"矿工",随时都可以,只要你自己有挖矿的设备,比如"矿机",可以随时加入"挖矿"行列。这个特点也体现了"中本聪们"的一个理想,那就是人人平等、完全开放。只要你接入网络,遵守规则,你马上就是一名合格的"矿工"了,你得到的比特币与别的矿工得到的比特币没有任何区别(图1.9)。

惊不惊奇,诧不诧异?

这种在加密加盖时间戳的数据块上记账的方法,一旦流行起来,将颠覆整个会计行业。而且随着时间的推移,这种方法在记账时需要做的解密计算复杂度越来越高,计算量越来越大,想要单靠一两台"矿机"在越来越激烈的竞争中通过记账获取收益,难度越

第 1 章 比特币泡沫与ICO

来越大了。这时候,那些从事这一行当的人开始不断加大在购置"矿机"上的投资,把很多台"矿机"集中在一起(有人称作"矿池",也有人称作"矿山"),24小时昼夜不停地努力工作(解密计算),才能得到回报——包括奖励的比特币和以比特币计价的手续费❶。

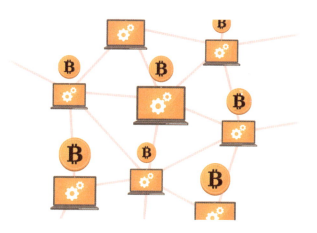

图1.9 比特币的世界人人平等

当然,目前看来,前者的数量级要远高于交易手续费收入,这也是比特币挖矿热的主要原因。由于交易数量猛增,交易手续费

---

❶ 交易手续费就是"矿工"从每笔交易里获得的抽成,具体的金额由支付方决定。这个抽成随行就市,如果低于市场平均水平,你的交易可能没有"矿工"愿意处理,这样就迟迟无法写入区块,得到确认。"矿工"们总是优先处理手续费最高的交易。

水涨船高，一个区块 2000 多笔交易的手续费总额可以达到 3～10 个比特币。加上奖励金 12.5 个比特币，平均耗时 10 分钟，收益是相当可观的。按照目前的价格，超过了 100 万元人民币。

显然，这种记账行业也和其他行当一样，有固定投资，有人力投入，有时间投入，有运气成分，也是一种劳动，能够获得比特币作为报酬。有人核算过这个"挖矿"（记账）过程的成本投入，由于每度电的价格不同，在中国，现在每得到一枚比特币，大概需要 3000 多美元❶。而且这个成本是不断上升的。

随着比特币热潮，"挖矿"（或者称为记账、解密区块、把区块链接起来等）对实体经济的影响已经开始明显暴露出来。首先这是一种高耗能的行当❷。2014 年 8 月，美国比特币资讯网站 The Coinsman 网站记者来到中国东北考察"比特币挖掘工作"，这里的一切让他目瞪口呆。现场充斥着犹如愤怒的大黄蜂扇动翅膀

---

❶ 这个成本主要随电价不同而变化。目前，比特币挖币成本最低的是委内瑞拉。
❷ 在比特币总量只有 2100 万枚的条件下，为确保系统的持续、稳定运行，运算难度会随着越多人参与挖矿而不断提高。同时，要继续参与到"挖矿"竞争，就必须投入更强大的计算机，也就是更强大的算力。这就带来了耗电量的不断上升。

第 1 章 比特币泡沫与ICO

的声音,尽管有空调,但密密麻麻摆放"矿机"的室内温度还是达到了 40℃ ,卷风机形成的强风让人无法前行。全天候 24 小时工人三班倒,2500 台机器,每秒 2300 亿次哈希计算。更大规模的"矿山"在中国西南部的水电站旁边,那里可以获得廉价的电源,连空调都不用,直接用铜网外墙散热以节约成本,即便这样,"矿山"一个月的电费依然需要几百万元。

根据 Digiconomist(一个专门追踪比特币和以太坊挖掘能源消耗的网站)的比特币能耗指数(bitcoin energy consumption index),截至 2017 年 11 月 20 日,全球比特币挖矿的年耗电量约为 29.05 太瓦时。这意味着比特币挖矿现在使用的电量已经超过了 159 个中小国家的年用电量。有机构预测,如果人们以现在的热情从事这种"挖矿"工作,2020 年就可能达到仅比特币"挖矿"就消耗完全球所有电力的极端情况。

更有甚者,比特币的交易已经和全球最广泛使用的硬通货——美元挂钩,而这个巨幅波动已经开始传导到全球规模最大的美国证券和期货市场,很容易成为下一波全球金融危机的一个引爆点。

比特币还是一个重要的国际洗钱通道,其负面影响已经浮出水面，引起各国政府的密切关注。

然而，这样的洪水猛兽不止一只！

1.3 一地鸡毛 ICO

比特币，大致可以作为一类加密数字"币"的统称。近年来，以比特币为原币的同类币不断衍生，根据不完全统计，现有加密数字币种类已经超过 2000 种了。它们很多都与比特币大同小异。

其实发行一种新的类比特币是非常容易的，因为比特币的知识产权是公开的，任何懂得计算机编程的人只需要略作修改，就可以造出一种"新"币。而由于修改未触及比特币的基本构造原理，所以这些新币其实都是相似的，它们延续着比特币的"血统"，与比特币流着相同的"血液"。

然而，某些人太有创造力了，不仅用"拷贝和复制"方法制造出了大量加密数字币，而且借鉴网络众筹的方式，发明了一种大批量销售加密数字币的 ICO。

ICO，熟悉股市的人可能觉得眼熟，太像 IPO（首次公开募

第 1 章 比特币泡沫与ICO

股）了！

是的，ICO 与 IPO 中间只差一个字母，这个 C 代表的是加密数字币，本书就用 Coin 这个英文词代表加密数字币好了。换言之，ICO 就是"数字币首次公开募资"。IPO 是用公司的股票去募集法币，比如在我国 A 股上市募集的是人民币，在美国上市则募集美元等。ICO 是用某个机构自己制造的加密数字币，募集比特币或以太坊、莱特币等较流行的加密数字币。本质上，ICO 就是将要发行的加密数字币和既有的加密数字币之间联系起来的兑换交易。而被选中作为被募集的加密数字币显然是那些已经上市交易、价格表现和未来增长空间较好的加密数字币种❶。

当然，比特币类加密数字币的制造门槛如此之低，显然任何机构都不能奢望单纯用新币来换取那些市面交易火爆的资深加密数字币，比如比特币、以太坊等。就和 IPO 的主体也必须是一个值得投资的股份公司，有发展潜力巨大的产品、项目和经营管理团队等一

---

❶ 可查的首个 ICO 来自于 Mastercoin 项目（现已更名为 Omni），2013 年 7 月该项目在 Bitcointalk（最大的比特币和数字币社区论坛）上宣布通过比特币进行 ICO 众筹，出售新生成的 Mastercoin 币，分发给众筹参与者。

样，任何机构进行ICO，也要说服投资者愿意用手中已经有明确市场价格的加密数字币换取新币，而且这种兑换比率要足够好，也就是对新币的估值要尽量高一些，而这就需要发行新币的机构说明募集资金的用途，也就是投资项目的发展前景，才能吸引投资者捧场。

在新币上市交易之后，投资者可以通过新币价格上涨获得收益。这里就出现了一个诡异的逻辑陷阱：新币价格的上涨动力来自哪里？

一般来说，投资的项目取得了良好进账，而且未来发展空间广阔时，相关的新币才能获得市场追捧，估值得以提高，反映在市场上，就是新币的交易价格上涨。但是，正如某些股票投资者非常熟悉的，糟糕的上市公司股票也可能被炒得很高，仅仅依靠炒作，也能实现新币价格飞涨，但前提条件是这种新币要上市交易。

于是，各种神话和奇葩的ICO募集项目就纷纷登上了舞台。大量的项目凭着一纸白皮书、几页PPT电子演示文稿就能蒙混过关，堆砌了一些让人感觉高大上的技术词汇，找几个所谓名人或有社会信用的人站台，就能获得大量投资者追捧。然后快速将新币上市，通过一番纯粹市场炒作，结果是有些人套现走人，留下一地鸡毛和感到上

第 1 章 比特币泡沫与 ICO

当受骗的投资者。而所谓的募资开发的项目可能从此音信皆无。

有些 ICO 项目发行的新币上市后价格大跌,引发了投资者维权,一些默认或不知就里被拉去站台的人,这时候才出来声明与项目无关,划清界限。比如 2018 年 3 月爆发的太空链 ICO 事件。

据区块链媒体发布的一篇报道称,太空链 SPC(Space Chain)ICO 项目只用了一天时间就完成了 10 亿元私募。而这个依靠某些知名人士名义站台,用"量子""太空""卫星"等一堆高科技关键词包装的项目,却在一个月内跌破了发行价,市值接近于零。

在这个 ICO 项目的白皮书中,被描述的这家机构致力于利用航天技术与太空资源优势,将区块链分布式核心理念扩展至太空领域。白皮书中所描述的集采集、计算、应用、存储于一体的太空区块链平台,设想将卫星作为区块链运算节点,在卫星上直接完成数据处理,并用量子通信等加密方法实现安全的太空数据存储。

太空链 SPC(Space Chain) 项目的发行机构是一家主体注册在新加坡的公司,成立于 2017 年 4 月。2018 年 1 月进行 ICO,1 月 10 日向私募投资人发行 SPC 币,当天完成私募,募集了约 15.6 万枚以太坊(ETH)。1 月 16 日,SPC 币在一些交易所开始公开交易。

其中一家交易平台 Exx 截至 3 月 12 日晚 23∶50 数据显示其价格为 0.00001566BTC，折合人民币为 0.918 元，而它在 Exx 的发行价约为 2.6 元。

自从出现了 ICO 这种新奇玩法，"涉嫌欺诈""代币破发""创始人跑路""虚假包装"等争议和传言就一直围绕着众多 ICO 项目，太空链是中国火热 ICO 那 90% 以上不靠谱项目中一个经典且复杂的范本。这种项目大多数人无法看懂，但是新币上市后巨大的涨幅，使得投资者丧失了应有的警惕和审慎，即便大家都明白这是一种博傻游戏，也有很多人奋不顾身地投入进去。

ICO 从投机博傻炒作开始，在募集过程中出现了"代投"，由发行机构收割散户，到"代投"收割散户，再到后期出现的加密数字币交易平台收割发行机构的混乱现象。有媒体爆料，RFR 项目的带头人"李诗琴"，疑似卷走了 13 个项目的 1.5 万个以太坊后消失。名为"超级明星"MXCC 的项目，6 个星期时间，卷走人民币 50 亿元，项目方失联，币价一夜归零。一个名为"比特龙"的项目，自称是国家监管沙盒的区块链项目，在私募环节，认购完份额之后，各大 QQ 投资圈被突然解散，其后再无比特龙的消息。

第 1 章 比特币泡沫与ICO

这个涉及金额至少8000万元的项目因为属于加密数字币,难以受到法律保护,无法定性和立案。一些ICO维权人建立的群,很快又变成了推广新ICO项目的社交圈,其中大部分参与炒币的人,无暇再顾及维权,就又投入另一个新币的炒作狂潮中去了(图1.10)。

图1.10 疯狂ICO

ICO如此火热,自然就衍生出了很多中介生意。先是出现了币圈"掮客",他们通常会收取5%的新币作为领路费。新币项目要付出10%的新币给币圈大佬，请他们帮忙站台背书。新币上市还需要给一些交易平台"上币费"，比如100枚比特币。在竞争上市的情况下，这个费用上无边界，有时上述几项费用甚至可能超过项目募集的资金量。而ICO新币上市后，90%都会破发。为了吸引投资者跟进买入，有些交易所还提供由机器自动操作的自买自卖"服务"，制造人潮汹涌、争抢买入的假象。在这个过程中，区块链媒体、公共策划机构也不甘示弱，通过收费（比如每篇文章收1枚比特币和若干新币）发表和推送虚假宣传文章。所有这一切，从项目信息披露、募集、上市到交易，各个环节都异常混乱。

比特币和ICO就是在对极少数人是盛宴，而大多数抱着一夜暴富幻想的人最终毫无收益的情况下不断发酵的。而各国监管机构都已经注意到ICO的乱象，先后采取了类似证券发行的监管措施。

▶ **延伸阅读**

从数字货币与区块链看ICO的起源与发展（点量研究院）
那些ICO现在怎么样了——2017年ICO总览（知乎）
币圈吸金修罗场（一本区块链）

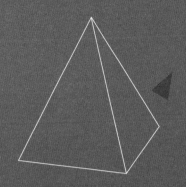

Chapter 2
第 2 章
比特币不重要，关键是区块链

▲▲

"在 20 年后，我们就会像讨论今天的互联网那样去讨论区块链技术。"

——马克·安德森，美国知名风险投资家

"区块链"变得家喻户晓是从比特币造富效应开始的。这很容易理解,"区块链"看上去是一个硬邦邦的没有想象力的学术界术语。它就像"三聚氰胺""苏丹红",这些化学物质一般也很少和老百姓的日常生活有多大关联,但是食品安全事件却让它们"一夜走红"了。要介绍区块链,就必须提到比特币,但是,比特币却并不是区块链。一种通俗的说法是,区块链是伴随比特币而诞生的,但是区块链作为一个技术,却有其逐渐演进发展的过程。我们可以把与比特币同时降生的区块链技术称为1.0版本。这一章,我们就从这个入门版本开始,展望一下区块链技术未来的发展方向和前景。

2.1 令人怦然心动的区块链技术

有人说,2018年是"区块链技术"的元年。2018年,如果你不随口蹦出几个区块链技术的术语,你就落伍了!

在这之前,具体时间已经很难确定,应该是在20世纪80~90年代,人类进入了信息互联网时代,我们可以把那个时代称作互联网1.0时代。在互联网这个大平台上,人与人通过社区、门户网站、

第 2 章　比特币不重要，关键是区块链

即时信息通信、社交媒体等工具，实现了相互连接。那就像一个"块状"世界。

而区块链将会进一步取代这些工具，实现人与人直接连接。这更像是一个"网状"世界。

区块链，这是一个用中文表达有点古怪的名字。至少当初对笔者来讲，是这样一种感觉。

如果看不顺眼，我们就动手拆分它（图 2.1），区块链（blockchain）= 区块（block）+ 链 (chain)。

图 2.1　区块链 = 区块 + 链

block 其实可以是平平常常的一个"块",比如豆腐块、土块、金块等,加个"区"字,就显得不那么通俗易懂,而且有点高大上的感觉了。你的感觉不会错,其实"区块"不是巧克力那样的块块,我们在上一章说过,它是一套电子账本!

这些账本("区块")不是你在文具店看到的那种纸质账簿,而是电子的,是连在网络里的。这个账本不仅可以记录货币金额,而且可以记录任何信息,你完全可以把它想象成一个能包容万象的电子档案袋。

把这些"区块"连在一起的就是"链",它不是金链、银链或者麻绳,而是把这些电子档案袋("区块")连在一起的一种无形的链条。这就是区块链的一个形象而简单的解释。

区块链技术不是像电子技术、机械加工技术、半导体技术、集成电路技术等纯粹的工业技术,而是一个"有抱负、有理想的"甚至充满哲理气息的技术。

到底这个神秘的家伙是怎么来的呢?任何技术都不是从石头缝里突然钻出来的,区块链技术也一样!

就像牛顿说过的那句名言,他的理论是建立在先人的研究基

第 2 章 比特币不重要，关键是区块链

础之上的，他是站在巨人的肩膀上才做出这样的贡献。区块链技术 1.0 也是如此，它的渊源要从一群有民主思想的密码学专家和电脑极客讲起。

我们先了解区块链的前身。其实区块链是一群研究密码学的专家慢慢发展出来的技术。

他们不仅仅是密码学专家，更是一群有理想的技术专家。

"怎样保护全世界民众的隐私在互联网上不被别有用心的人利用呢？"这个问题自从有了互联网之后，就一直困扰着一些追求自由理想的人。他们大多是密码学专家，为此还成立了一个小组：密码朋克。他们中的一些人，致力于做一件影响世界进程的事——用技术建立一个公平的互联网世界。

下面我们介绍其中一些重要人物。

大卫·乔姆是密码朋克的领袖级人物，1990 年他发明了密码学匿名现金支付系统 Ecash（电子现金）。

1997 年密码朋克的成员——英国密码学专家亚当·贝克发明了一种叫作"哈希现金"的东西，其中用到了区块链技术 1.0 的核心机制——工作量证明系统（proof of work）。还是在这一年，密码

朋克成员哈伯和斯托尼塔提出了"时间戳"概念。这也是区块链的一个核心技术，它采用像加盖一个带时间的图章的方式，保证文件不能轻易改动。

1998年，一位名叫戴伟的华人密码学专家发明了点对点交易的B.money。它看上去像是一种钱，就像比特币，但关键不在于此，而是这种交易不可更改交易记录，每个交易者都保持对交易追踪的权利。这是区块链技术1.0的另一重要特征。

2004年，一位名叫哈尔·芬尼的密码朋克成员提出了电子货币和加密现金的概念。

时间到了2008年，一切技术条件都已成熟，此时那位自称"中本聪"的大神级人物横空出世了，他就是"江湖"传说中公认的比特币之父。因为发明了这么轰动世界的东西，他的传说已经纷纷扬扬，有多人声称找到了他，可惜的是，都没有被确认，至今人们甚至连中本聪的性别都无法搞清楚（图2.2）。

"江湖"传说早年中本聪也混迹于密码朋克，但一直很低调，他精通密码学、计算机技术等。他的出名是在2008年。那一年，他发表了题为"比特币：一种点对点的电子现金系统"的文章，首

第 2 章 比特币不重要,关键是区块链

次提出比特币的概念。

中本聪所做的事情,就是对大卫·乔姆的 Ecash 进行优化,其中综合了时间戳、工作量证明机制、非对称加密技术。于是那个夭折了的电子现金,经过后续这些技术加持,被冠以了一个响亮的名字——比特币。

图 2.2 中本聪是谁?

从此，普通大众眼里看到的就只是"比特币"这个最早的区块链表现形式，或者说是一种应用，反而忽略了这个"币"所采用的技术本身，也就是时间戳、工作量证明机制、非对称加密技术等特征。区块链不是一个单一的技术，它是一系列上述技术的集合。

比特币变得比区块链技术更出名，这一点也不奇怪。纯粹的技术往往是枯燥无趣的，而一旦将这个发明和"金钱"联系起来，它就家喻户晓、不胫而走了。

现在到了给幕后英雄"区块链"正本清源的时候了。比特币和区块链之间的关系，本来应该是儿子和老子之间的关系。把儿子说成是老子，这种做法显然有悖情理，非常不妥。

"一生放荡不羁爱自由"的区块链技术还有一个非常魅惑人的"理想"，那就是"去中心化"。这是理解区块链技术的一个核心概念，它也是区块链之所以如此令人心动的魅力所在。然而，"去中心化"其实并不是什么新事物！

早在很久很久以前，也许是人类刚开始直立行走的时候，就出现了最初的"去中心化"活动。换句通俗的话讲，人类还没有形成社群之前，所有行为都是去中心化的。也就是没有核心，没有中

心，没有中间人，一切活动都是在人与人之间直接开展的。两个人相互有好感，不需要媒人，就直接在一起生活了，当然也不需要公证和别人认可。两个人之间直接交换物品，不需要货币，也没有集中的市场。其实追求自由，不喜欢被约束，最好自己就是"中心"，人与人之间就是"中心"与"中心"之间的关系，这就是人的天性，如此而已。

但是我们中国人其实非常讲究社会秩序和层级，所以"去中心化"早在孔孟时代就已经被抛到九霄云外去了。如今，区块链技术又再次波动了这根心弦，这次却是从海外舶来的英文词Decentralization（去中心化）。在互联网上，人们习惯叫它 P2P，也就是端对端、点对点，甚至你可以简单理解为"人对人"，就是这么一目了然的简单（图 2.3）。

2.2 区块链的应用空间：你能想多远，就能走多远

在互联网 2.0 时代，那些思维超前的人提出了"互联网+"，中国 2015 年政府工作报告中首次由官方认可了这个发展战略。腾

讯喊出了"'互联网+'连接一切"的口号。随着区块链技术逐渐成熟并推广应用,相信很快就会形成"区块链+"取代"互联网+"的趋势。

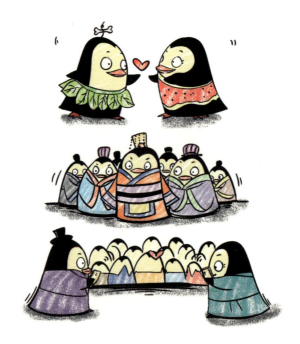

图 2.3 人类历史的去中心化

"区块链+"的优势在于不仅能够实现点与点的互联互通,而且能够在陌生的节点之间建立信任关系,从而使得任何两个节点都

第 2 章 比特币不重要，关键是区块链

能高效率完成各种交换，比如商品、资产、信息、服务等，都可以快速、安全、可靠地及时到达对方。这在以前的任何一个时代都是难以想象的。

人与人之间的信任是需要时间建立的。这是人类社会在大部分时间里的常态。即便所有人和物品都通过网络连接起来，两个接入网络的陌生人之间，仍然无法快速建立了解和信任关系。而真正能够解决这个问题的，现在只有区块链技术。

从目前情况看，区块链技术的发展还远远不够成熟。比特币是区块链技术 1.0 的一个最成功的应用。所谓区块链技术 1.0，其核心技术是实现了点对点交易。各种加密数字币都建立在这种技术之上。这类应用是否有益，目前做出最终判定还为时过早。从加密数字币的炒卖中获得的回报率非常可观，有研究报告称，2017 年比特币投资回报率达 181%，所有此类加密数字币的合计回报率更高达 448%[1]。

这个回报率是不是亮得刺眼？2017 年黄金的回报率是

---

[1] 36氪：区块链行业报告（2018 年 2 月）。

10.1%，全球股票的回报率是18.3%，它们与比特币的回报率相比，只能算是一个零头。财富效应足以让普通民众把区块链等同为比特币。有句话说，当你在说区块链时，对方多半想到的却是比特币。金钱的光芒早已盖过了一切。

然而，这种认知过于肤浅了。前面已经说过，比特币和区块链技术1.0是伴生的，它们其实是两个"人"，而且越长大，区别也就越大。应该说区块链技术1.0实在是很有局限性，因而，它很快就演进到了区块链技术2.0（表2.1）。

区块链技术2.0的核心特征是引入了"智能合约"，可以将一些应用采用自动化和智能化的方式执行。这段话可能说得太学术了。我们需要简单解释一下智能合约是什么东西（下一章会有更详细的介绍）。

智能合约不是我们常见的那种纸质合同，而是把合同规定的事项用计算机语言编程，生成一个可以自动执行的计算机程序。一旦约定的条件达成了，计算机会自动执行这个程序，也就是自动履约。

这个功能很酷，对吧？所有活动都变成了数字化的信息。这些信息输入计算机之后，自动进行条件判断，一旦约定的条件被满

第 2 章 比特币不重要，关键是区块链

表 2.1 区块链技术 2.0 应用实例

	英国推出的英国政府认证系统（GOV.UK VERIFY），为中央政府提供以市场为基础的身份认证服务，该系统也可用于公共和私营部门
	Real me 为新西兰居民搭设了一个简单认证、高度安全、身份可信的数字身份网站，目前，银行、邮局等第三方服务机构均与其联通
	瑞士城市 Zug 推出数字身份认证服务，居民在登记并获得政府官身证实后，将可使用城市服务的应用程序
	爱沙尼亚 e-Residents 项目为居民建立合法数字身份，提供出生证明、结婚证明、商务合同、公证等公共服务
	印度 Aadhaar 唯一身份认证卡（Unique Identity Card）工程旨在为公民提供唯一的身份，以此作为福利服务的基础，目前共有超过 11.67 亿人登记在册
	ID2020 国际组织，致力于利用安全而成熟的系统实现数字身份认证，为全球 11 亿没有官方文件的人口提供合法的身份证明

足，就自动执行下一步工作。在整个过程中，不需要人为干预这个履约过程，而且严格地讲，即便有人想干预合约的执行，除非拔掉计算机的插头，否则也无法干预这个过程（图2.4）。

图2.4 智能合约难以人为干预

在区块链技术2.0的应用中，还必须做一个基本操作，就是给相关各方建立数字身份。在区块链技术2.0中，所有证件都将被数字化。在证明某个人的身份信息时，不需要再翻箱倒柜地找出十多

第 2 章 比特币不重要，关键是区块链

个证件了。你、你爸爸、你妈妈、你的孩子、七大姑、八大姨的信息统统包括在你的一个数字身份证（ID）里了。所有电子政务、民政事务都可以用智能合约的方式，对数字身份信息进行自动匹配处理。证明"你妈是你妈"，只需要点击一两个按键，几秒钟就能得到答案。

智能合约到底能走多远，这个和"去中心化"的理念一样，要看社会能够进化到什么程度。有些比较复杂的人类活动，单靠程序设定的自动执行是不太现实的。但是显然将那些大量的简单判断和分析，又需要进行海量数据检索、计算和匹配，以及 24 小时不间断跟踪追溯的各种重复性工作，交给机器去做是一件提高效率、将人从不擅长的繁琐简单劳动中解放出来的好事。在这方面，智能合约大有用武之地。

从发币、炒币到金融领域的应用，人们自然而然地把区块链技术 1.0 和区块链技术 2.0 归入了金融科技（FinTech）范畴。也就是说，人们认可了区块链这种技术在金融领域的重大应用价值。

但是，这个视角仍不够广阔，其实区块链技术正在进入 3.0 阶段，即广泛应用于各种社会经济场景之中。有人将其称作泛区块链

应用，或者代币（通证）应用，甚至还有"共识经济"的各种说法。我们不妨仿照"互联网+"，将其称为"区块链+"，也就是"'区块链+'连接一切"。

换言之，区块链技术3.0就是"区块链+"时代的底层技术框架。

本书的主旨是拥抱"区块链+"时代，我们将在后面几章重点介绍一些超出了加密数字币和FinTech领域的区块链应用场景。

但是，并不是所有场景都适合采用区块链技术。真正适用于做"区块链+"的场景，至少要符合以下三点要求：

① 场景中需要一个账本存在（不局限于记录价值）；

② 有真实性诉求；

③ 需要形成广泛共识。

截至目前，区块链应用最火的是区块链技术1.0，通常热衷于这类应用的人形成的圈子，被人们称为"币圈"。他们的工作以加密数字币的发行为主或是围绕着发币的应用。而区块链技术2.0和区块链技术3.0都也有零星应用，由于这一类应用有很多并不发币，或者不以发币和炒币为主要模式，所以被称作"链圈"。整体上看，区块链的应用目前主要是在金融和底层技术研发方面。

2.3 去中心化,你咋不上天

区块链技术目前主要吸引了两类人:

一类人基本不懂技术,也没有特定的哲学理念,但他们看到了加密数字币的炒作效果和巨大的造富效应;

另一类人非常有理想,甚至有点脱离现实,同时也对区块链技术和应用有更大的兴趣和更多的了解。

一边是下里巴人,另一边是阳春白雪。

渴望自由,是人之本性,但却不是一个社会规范。两个人在一起,也许可以做到相互平等对待,但仍有很多情况是两人中有主次之分、强弱之别,这就是社会层级。如果有更多人聚在一起,这种中心化的倾向就会更加明显。人数更多无非是多了几个层级,而在每个层级里仍然会有中心。

区块链所主张的"去中心化",并不是一种极端的理念,但却被某些人曲解了。

有人信誓旦旦地说,发明比特币的中本聪就是因为不满各国(地区)将货币发行权捏在央行手中,才撰写了比特币的白皮书。这件事由于无法找中本聪确证而存疑。以太坊的创始人 Vitalik Buterin 对"去中心化"的解释是比较客观全面的。在区块链技术的不同层面上,对于"去中心化"的解释是不同的。没有绝对的"去中心化",至少在某个层面上,必然无法彻底体现出无中心的特征。

有些人理想化地认为区块链技术可以去掉中央管制,让全社会每个个体之间都成为平等的中心,大家可以做到相互信任,从而降低社会的信任成本,润滑社会中的每个个体之间的关系,促进人类社会高效大踏步发展进步。而建立这样一个新的更加公平可信任的社会机制,当然是人类值得追求的理想。但是,我们现在距离这个目标究竟有多远,人们应该有清醒的认识。

以最为人熟知和称道的比特币这种区块链应用来说,比特币果真实现了"去中心化"吗?

坊间有很多说法,认为比特币的最核心特征——去中心化,可以让每个人都能够发行自己的加密数字币。言外之意,只要有了这样的"货币",就可以脱离中央银行发行的法币体系了。换言之,不要中央银行,是否每个人都能发行自己的"货币"?即便能,这种东西果真和货币一样好用吗?

第 2 章 比特币不重要,关键是区块链

在回答这两个问题之前,我们需要普及以下经济学的常识:货币是用作交易媒介、储藏价值和记账单位的一种工具,是专门在物资与服务交换中充当等价物的特殊商品。

货币最重要的属性是作为交易媒介,也就是商品或服务在人与人之间交易的被广泛承认的一般等价物。然而,基于区块链的加密数字币的种类基本上可以是无限多种。比特币作为一种原币,它可以有很多很多种衍生和变种。各种"币"很难作为相互交易的一般等价物。虽然这种币具有个人信用,而且个人必须珍惜这种信用,失信就意味着这种币一文不值了,但这仍不足以说服其他和你交易货品或服务的人同意收取你的这种币。其实这种币在现实交易中与"物物交易"遭遇的困境是一样的。即便有网络和通信的帮助,持有不同"币"的人之间对不同需求的商品虽然可以很快配对,但是仍需建立不同币之间的兑换价格体系,这和我们现在生活中遇到的问题并无二致。各国政府都有自己的货币,也有各自的信用支持,是否世界贸易就能够实现直接用对方货币结算了呢?同样道理,如果每个人都可以发行自己的"货币",他们之间就容易直接结算了吗?问题并不难得到答案。如果读者

不熟悉国际贸易，可以考虑另一个问题，如果你给公司打工，而公司老板支付给你的是他发行的"货币"，你是否会接受？如果你接受了，你的日常生活会出现什么样的麻烦？这样就容易理解为何各种区块链加密币不会成为真正的货币了。

我们应该已经回答了上面那两个问题。脱离中央银行这个货币体系的"中心节点"，个人发行的那些所谓的"币"并不具有被广泛认可的充当交易媒介的一般等价物特征，也就是说，那些根本就不能当成货币使用。

话说到此，关于"去中心化"的反面证据还没展示完。比特币果真能够做到"去中心化"吗？在这里，"去中心化"至少包含了两方面的意思。

首先，比特币从发行到使用，是否不会出现被某个机构或个人控制的情况。答案是未必❶。比特币的设计是让挖币的"矿工"

---

❶ 2018年1月18日，美国康奈尔大学计算机科学教授 Emin Gün Sirer 和密码学专家 Robbert van Renesse 等5人发表了一篇论文《比特币和以太坊的去中心化》，指出比特币世界奉为最高原则的"去中心化"存在疑问，他们认为目前世界上最流行的两种加密数字币——比特币和以太坊背后均存在隐形权力结构，原因之一是比特币和以太坊的"挖矿"过于集中，比特币50%以上的算力都被前4名"矿工"控制了。

第 2 章 比特币不重要，关键是区块链

们来分散权力，"矿工"越多和越分散，也就越难以形成控制力。但是如果有人集中控制了大量的"矿工"，这种权力分散的设计就难以发挥最大效力了。特别是当某个人或者机构掌握了全网 50%以上的算力时，他能够比其他人更快地找到开采区块需要的那个随机数，因此他实际上拥有了绝对有效权力。实际上，随着"挖矿"难度升级，越来越多的"矿工"抱团，把"矿机"集中起来，有福同享，挖出的比特币大家均分，因而大规模的"矿场"越来越多，相互之间的地理位置也越来越近了。中本聪当初在设计比特币时，认为这种情况发生的可能性极低。结果他估计错了，根据统计，现在集中在某国的比特币"挖矿"算力甚至已经高达 75%。如果这些"矿场"被收编或者自愿联合起来，就可以控制整个比特币系统了。这是一种绝对的"中心化"，而不是"去中心化"（图 2.5）。

其次，"去中心化"的一个合乎逻辑的推论就是每个参与者之间都是平等的。然而实际情况却是，只有参与"挖矿"的节点，才拥有参与比特币生态圈的决策权，而不是比特币的拥有者具有决策权。如果一个人持有很多比特币，但他的电脑没有参与"挖矿"，那么他实际上并没有参与比特币修改算法或做法的权利。这种问题

不仅在比特币中存在，对于其他区块链产品，如果开发人员和主要的投资者、"矿工"结成某种利益联盟，都会有让分布式"去中心化"的投票机制失灵的风险。而且很多时候，大多数币掌握在创始团队手中。这些人明显可以形成一个权力和控制"中心"。

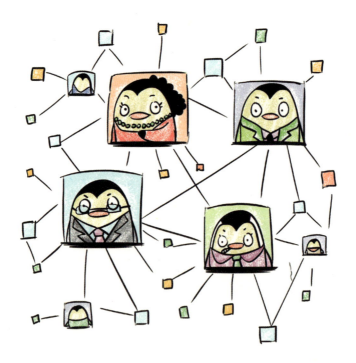

图 2.5 比特币无法实现绝对"去中心化"

第 2 章　比特币不重要，关键是区块链

如何在任何一个区块链产品中维护所有用户的利益，实现真正的去中心化，不仅是个技术难题，也是社会性难题。这是人类从古至今都没能解决的问题。有些人声称区块链的"去中心化"将改变社会结构和生产关系，并进而形成新的政治经济形态，这在理论上也许是可以探讨的，一旦进入社会实践阶段，必然会马上面对一个残酷的现实——在中心化的社会结构中，任何"去中心化"的尝试，首先会遭受既得利益者的种种抵制。这个社会变革过程，绝不可能单纯依靠某种技术得到快速解决。社会发展是一个缓慢的演进过程，而且"去中心化"的社会理念与社会发展的历史潮流未必是方向一致的。

▶ 延伸阅读

比特币底层技术如何改变货币、商业和世界（区块链革命）

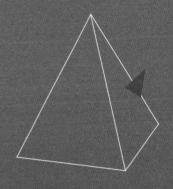

第 3 章
了解区块链的技术核心

区块链技术,就像 20 世纪 90 年代互联网那样。这是件大事,它将改变金融世界运作方式。

——布莱思·马斯特斯

本书要讲的是区块链技术应用，所以本章是一个核心连接点，我们需要以最简单易懂的方式，理解区块链技术的真正技术理念是什么，而不是其底层技术该如何开发。学习密码学知识和技术、开源代码，这些工作应该交给许许多多的架构设计师和程序员去做，他们会做得更出色。而把握区块链发展的方向，则是每一位对区块链感兴趣的人应该掌握的，不管你是投资人、企业管理者、行业观察者，还是只是一名普通旁观群众。

在这个问题上，已经存在太多七嘴八舌的议论。区块链的技术核心是通证（token）吗？数字币是不是无可取代？只有分布式账本就不算区块链了吗？智能合约果真那么神通广大吗？代码就可以代替法律和社会行为规则吗？如此等等，区块链确实是一个众说纷纭的话题，也导致了社会广泛的关注。下面我们就从区块链的四个核心技术说起。

3.1 分布式账本不是常见的分布式数据库

我们之所以先讨论分布式账本，就在于这已经是一个比较成

第 3 章　了解区块链的技术核心

熟的应用了,而且它充分体现了区块链技术去中心化的思想。

去中心化,显然是相对中心化而言的。截止到目前,大部分数据都是采用中心化存储方式。比如一家公司的账本肯定是放在财务部门,由会计统一负责记账、结算。不管这个账本是纸质的,还是电子的,其管理权限都集中在一个中央部门。

中心化其实是传统组织的一个重要特征。这种组织是由中心控制的一个层级结构,最上层是核心领导,然后像一棵树一样分叉出下属部门,下属部门的下属部门,这是一个典型的管理结构。而适合这种结构的就是一个中心化的管理方式。各层级、各部门都有一个中心,控制着下属部门的各种权利——人、财、物、数据。

中心化和去中心化是一对相反的概念,但是在我们这个中心化的社会里,也存在去中心化的形态,比如市场经济就是一个典型的去中心化系统,参与市场经济的各个主体都在遵守商业规则的基础上,按照实现自己利益最大化的原则行事,同时在客观上推动了整个市场的繁荣。

如果读者不熟悉经济学和企业管理,我们还可以引用一个网上常见的更通俗的例子类比分散的去中心化:用户要下载的电影并不是存储在某一台设备上的,而是网络中的每一台设备上都有这部电影,这就是为什么早年的 BT 下载,在线计算机的数量越多,下载速度越快的原因。其实,分散的去中心化的存储早已有之(图 3.1)。

图 3.1　互联网世界的分散存储

这种去中心化的数据存储不仅保证了足够的安全备份，而且还有一个特点就是"很难篡改"。因为电影不是只存储在一台电脑上，而是存储在多台电脑上，所以任何拥有某电影的用户都不能随意修改这部电影。假如你修改了，你修改资源的行为会被记录下来并显示给所有拥有该电影的用户（大家都知道是你干的），其他电脑上的资源就会反过来进行验证，并且会强制用其他电脑里的备份还原你修改过的影片。除非同一时间有超过一定比例的电脑都在修改同一个资源，否则这个电影用户不管从哪里下载，它都是完整不变的！

同样，分布式账本就是类似的做法。这个账本保存在所有连在区块链的节点上，你可以将这些节点理解为一台台的电脑（实际也可能不是电脑，但具有数据存储功能）。我们之所以将其称为账本，是因为这很容易和一般账本做类比。其实它首先是一个数据库，如果其中保存的数据是有价值的，你也完全可以将这些数据看作是各种数字资产，这样的数据库自然和肉眼可见的账本没有本质上的区别了。

区块链是一系列技术的复合物，而不是一种横空出世的东西。分布式数据库无论是思想还是技术，都早已出现，而且有大规模的成功应用。区块链的分布式账本到底和分布式数据库有什么区别呢？简单来说，就是一句话：分布式数据库可以用很多传统技术和方式实现，只有用到区块链技术实现时，我们才称其为分布式账本。所以，分布式账本属于分布式数据库这个概念范畴，但是分布式数据库的实现方式有很多，不一定就采用区块链技术，所以分布式数据库不等于分布式账本，而且差异非常大。

我们要了解的是区块链技术实现的分布式数据库是怎么回事呢？

用区块链技术实现的分布式账本，体现了区块链的一个重要特征，即网络中的各个节点都要对记录在任何节点上的数据进行检验（校验）并确保其处于正常状态（维护）。这并不是一般所说的分布式数据库的特征。具体来讲，就是在一个节点发生数据写入（记账）动作时，要经过其他所有节点按照大家认可的规则进行检验和确认，之后这些被认可的数据信息会同时被更新到所有节点上。也就是说，这种记账行为是需要达成共识的，之后会保持稳定并难以篡改。

分布式账本在原则上讲，每个节点上的账本都是完全一样的，

第 3 章 了解区块链的技术核心

当然,从技术实现上来说,未必就等同于各个节点都有一个完整的拷贝。至少在经济上,这种做法并不合算,甚至会影响到处理效率。相信随着技术的迭代发展,会有越来越多"体态"更轻盈、更安全可靠高效的方式实现分布式账本的同步和存储(图3.2)。

图3.2 分布式账本

在分布式账本的应用中，超级账本项目（hyperledger）算是首个面向企业应用的分布式账本平台。和所有区块链技术一样，这是一个开源社区共同开发的产品。2015年12月，由开源世界的旗舰组织Linux基金会牵头，30家初始企业成员（包括IBM、Accenture、Intel、J.P.Morgan、R3、DAH、DTCC、FUJITSU、HITACHI、SWIFT、Cisco等）共同宣布了hyperledger联合项目成立。目前参与这个联合项目开发的企业已经有100多家，项目展示了强大的生命力，引入权限控制和安全保障的超级账本项目开拓了区块链技术的全新领域。目前这个平台上正在开发的项目也不仅限于分布式账本应用项目了。

3.2 通证——信任和共识的通行证

上面我们提到了共识机制，这是区块链技术的另一个重要特征。

在传统社会架构里，共识是怎样形成的呢？主要是靠权力和权威。实际上，这种共识不是自发形成的，带有强制性，依靠的是组织的中心所制订的一系列自上而下的游戏规则。

第 3 章　了解区块链的技术核心

而在一个区块链社会形态里，所有成员都完全自由平等，在权利方面是无差异的。这时要实现全体成员都认可的决定，依靠的不是命令或权力，因为这是一个不划分阶层的社会形态，本来就没有中心和上下尊卑之分。此时共识只能靠相互协商和认同得到确立。

人类从古至今在实践各种社会模式，自由平等协商就是其中之一。区块链技术的发展过程也是技术人员社区里的这样一种尝试。大到区块链技术的发展方向，小到区块链某个节点要写入一条记录，都需要在这个生态环境中达成某种共识，才能成立或者进行下去。一笔记录获得共识之后，所有节点会进行同步更新，从而使其成为难以篡改的永久记录。一个技术路线被确定，大家才会沿着这个路径继续开发底层技术和应用。

虽然这是一个看上去非常理想的模式，但却很容易走入"死胡同"。怎样才算达成了共识，需要一个规则或标准。比如，在中心化的组织里，共识只需要领导一句话，一切行动听指挥。而在无中心的组织里，也许就是少数服从多数。而区块链技术背景下的共识，则更具有技术含量，它是通过算法和代码来确定的，也就是大家先对一套共识算法达成共识。

目前区块链技术在不同的实现路径下，产生了几种共识算法。比如，比特币采用的共识算法叫作工作量证明（PoW），简单说，就是谁出力（挖矿）最多，谁就能得到圈内认可。以太坊采用的共识算法叫作权益证明（PoS），谁的权益最高，谁就能得到大家认可。此外，还有股份授权证明机制（DPoS）共识算法，类似于全体成员推举出的代表行使权力。共识算法会越来越多，虽然它们具体机制和规则可能不同，但是都有一个共同点，就是将决定权重新集中。这类共识算法和委托代理机制也很相似。这也从另一个方面说明彻底的去中心化是个伪命题，去中心化和中心化是两个极端，而人类社会的形态颇为多样化，很多是处在两者的中间状态。

大力倡导去中心化的区块链，在实践层面，其实也出现了去中心化程度不同的三个变种：公有链、联盟链（图3.3）和私有链。

公有链（接近完全去中心化）是指任何人都可读取的、任何人都能写入的区块链，比特币、以太坊就是典型例子。但它仍然不是完全去中心化的，这是因为其共识机制仍只允许部分节点（矿

第 3 章 了解区块链的技术核心

工)来承担达成共识的角色。

私有链(接近中心化)是相反的情况,它是写入权限掌握在一个组织(发起和管理区块链的机构)手里的区块链,读取权限可以完全开放,也可以有条件开放。私有链的所有规则基本上都是由一个组织制订的,参与成员的权限很小。

图 3.3 联盟链

介于公有链和私有链这两者之间的是联盟链（部分去中心化），典型例子就是我们上节提到的超级账本联盟。联盟链针对的是特定的企业或组织，联盟链的加入有一定的准入机制，通过数字证书的方式实现基于公钥基础设施（Public Key Infrastructure，PKI）的身份管理体系。交易或提案的发起，以参与方共同签名验证来达成共识，因此不需要工作量证明（PoW），也不存在加密数字币／代币，这提高了交易达成的效率、节约了大量计算成本（算力硬件投入和电力能源消耗）。

这三类去中心化程度不同的链都有各自适合的使用场合。比如银行内部，在总行和各分、支行之间，采取私有链的方式处理一些业务，会大大提高效率、降低成本。联盟链适合在同行业和上下游关联行业的企业之间实现业务协同。而公有链至今最成功的应用是加密数字币，尽管其负面作用日益受到关注，但是作为一种区块链技术形态，其仍有很强的代表性。

在这里，我们无法回避一个众说纷纭的话题，加密数字币或者通证是不是区块链的标配？我们上面的介绍已经部分回答了这个问题，即联盟链和私有链确实可以没有加密数字币或者通证也能正常使用。而加密数字币和通证似乎变成了公有链的一个特征标志物。

第 3 章 了解区块链的技术核心

区块链里到底需要不需要加密数字币或通证,这个问题要从两方面说起:一个是从信任角度;另一个是从激励角度。

信任是比共识更古老和更基础的话题。没有信任就谈不上寻找共识,没有信任也无法建立委托和代理关系。在互联网上,你很难相信对方,有句话说:你无法知道网络的另一端到底是个人,还是一条狗。更何况人分好坏,人们在多数情况下,不会轻易相信对方。随着去中心化程度加深,这个问题会变得越来越明显。在私有链里,参与者基本属于一家机构或者具有非常有约束力的紧密联系,他们之间远远超过了信任关系。在联盟链里,也是通过准入标准来确保成员间能够相互信任。而在公有链里,就必须有一个能被其他成员认可的"身份证明"以及很有威慑力的失信惩罚机制。

公有链采用加密数字币或通证,作为链上成员之间辨认的"身份证明"。加密数字币或通证,其实都是一回事,它的英文名称是"token"。在计算机网络术语中,token 被译为"令牌",倒是和通证非常相像。

由于比特币被炒得火热,所以 token 最先被人们看到的是它的"货币"形态。随着各种加密数字币的风起云涌,大家眼里只有加密数字币，而不再关注 token 的其他应用特征了。由此出现了要谈区块链就只谈加密数字币的"币圈"，实际上这个圈子里的人讨论的都是公有链上发行的各种加密数字币，他们迫切希望能够从炒币中获取收益。而另一些人关注的则是联盟链和私有链，因为这些应用并不一定需要 token 作为身份认可的工具，所以就形成了绝口不谈加密数字币的另一个圈子——"链圈"。

我们不难看出，大家之所以在这个问题上存在分歧，背后首先是信任机制需要不需要 token 参与的问题；其次是激励问题。联盟链和私有链的参与者都有明确的诉求，因为这样可以降低交易成本、提高效率，参与其中，就能给自己带来不菲的价值。对于公有链来说，如果参与者能够通过参与而获得价值，就不一定需要额外的物质激励了。这种应用的场合不一定不存在，比如社会慈善，其参与者通过慈善活动就能获得心理满足感，获得社会声誉和认可，这些动力本身就是足够大的驱动力。这时候，还是需要 token 的，比如作为慈善行为对社会贡献的一种量度工具，其作用很像是勋章、奖状和贡献证明等，而不必计价和进入交易环节。这是一个参与公有链会得到正收益的例子。此外，还有一个是如果不参与公有链会得到负收益（损失）的例子，

第 3 章　了解区块链的技术核心

比如用公有区块链建立的个人信用系统，用 token 来记录个人的信用分值。如果这是一个被社会广泛认可的系统，那么不参与将会带来莫大的损失。在现代社会生活中，一个无信用值或者信用为负值的人，简直寸步难行。还有一个类似的应用，某地区可能会对其市民发放一种积分，用来奖励市民"良好"的社会行为，比如骑车上班、垃圾分类等。这个积分就相当于公有链上的 token。只要让每个市民作为节点连入这条公有区块链就能实现（图 3.4）。

图 3.4　公有链

但是区块链公有链目前最火的应用却是比特币。我们可以看到，其设计理念是需要矿工来做交易的记账工作。这是一种单纯的劳动，通常应该支付劳动报酬。所以设计者就想用比特币作为劳动报酬支付给矿工。除此之外，矿工得不到其他方面的回报。这就是帮别人记账和主动自发做慈善之间的区别，这种不同应用上的差别，导致 token 具有了不同的使用性。

但是就没有其他一些活动本身就能够为参与者带来价值的利用公有链的应用了吗？不仅肯定有，而且还有不少。比如，我们设想一个知识生产和分享的场景，做一个公有链，每个参与者都可以贡献知识，并且相互品评和学习，别人会因为参与了这种知识分享而获得 token。当然，如果知识贡献者侵犯了他人的知识产权，也会扣除其部分 token，甚至使其失去参与的权利。这就是有自我价值生成的有机系统。参与者通过贡献知识获得 token，再用 token 换取和学习新知识。token 本身既可以充当知识传播的媒介，当然也可以相互转让，其价格由市场决定。这就是一个例子，它既不像慈善那样完全付出只获得精神和社会收益，也不像比特币那样是一种赤裸裸的劳动和报酬关系。

token 可以作为一种获取共识的证件,让持有者形成利益共同体,合作共赢;同时也作为奖惩的载体,通过奖励和扣除实现对参与者信用度的计量,从而使 token 内在价值不断提升。可以通过设计合理的 token 机制,调动参与者的积极性,从而形成良好的区块链社会生态。所以,币圈和链圈是可以融合的,但是如果认为区块链就必须是分布式账本和通证缺一不可的,这个结论就过于武断了。

3.3 硬币的两面——加密和安全

不可篡改是区块链安全的一个"口号",如果真的能够做到记录无法篡改,加上分布式存储,就比放进保险箱还安全,因为这样的数据既不可能被毁掉,也不可能被修改,一旦出现,便能永远存在,成为"铁证"(图 3.5)。

从区块链技术 1.0 开始,这就是一个建立在密码学基础之上的技术。加密和安全是区块链得以应用的基本条件。密码学属于纯技术,本节尽量用一种较易理解的说法介绍其中的要点。

图 3.5 区块链无法篡改

在区块链上,所有信息都记录在一个特殊的加密数据"块"中,叫作"区块"。每个区块具有三部分:

区块的头部对应的是另一个区块的密码;

中间是记录的信息;

最后是这个区块自己的密码。

第 3 章 了解区块链的技术核心

同样，这个密码也会出现在另一个区块的头部。这些区块就这样"首尾连接"起来，像一条连接得很坚固的"链子"（图 3.6）。

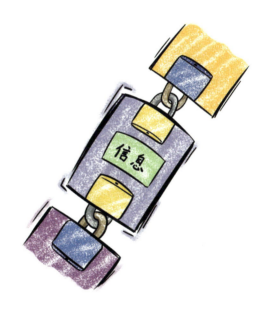

图 3.6 区块链信息的组成

区块头部和尾部的密码采用的是复杂的非对称加密技术。加密是采用密码学的加密算法对信息包进行处理，使得其他没有秘钥的人无法获悉这个信息包的内容。这个过程就像人们日常做的上锁动作。一旦上了锁，要开锁，就需要一把钥匙（当然，日常生活中的锁往往可以通过暴力手段或开锁技术强行打开）。同样加密算法上的"密码锁"，也需要"密码钥匙"才能打开，并且人们很难用暴力手段破解这种"密码锁"。通过非对称加密技术生成的区块上的"密码锁"更加复杂，需要两把不同的"密码钥匙"配合，才能顺利开锁。这种双保险设计极大提高了区块链上各个区块的安全性。

非对称信息加密的做法是由发送信息包的一方（记为A）用信息包接受一方（记为B）提供的公钥，对信息包加密后再发送给B，B利用自己手里的私钥可以打开这个信息包（区块），看到里面的信息。这把公钥是公开的，用来对信息进行加密，但是如果没有那把私钥，被加密的信息是无法读取的。而且知道公钥也不能推测出私钥。这和一般的加密做法（对称加密）只使用一把秘钥，既用来加密又用来解密不同，它更加安全。因为一般加密做法中一旦秘钥泄露，加密信息也就无安全可言了。

除了非对称加密处理之外，区块链还应用了"时间戳"技术，使得篡改信息包内的内容几乎成为无法完成的任务。我们可以形象地理解为给每一条信息加上一个时间标记。即便加过密的信息因为某种原因而泄露了，由于加盖了"时间戳"，对这条信息的任何修

第 3 章 了解区块链的技术核心

改会马上被发现,因此杜绝了信息被篡改的可能。

区块链正是采用了这些技术手段而变得比任何其他数据库更安全可靠。在缺乏秘钥的情况下,如果想破解被非对称加密的信息,理论上的可能性极小,而实践中几乎完全不可能。我们仅以比特币的加密解密为例,大致了解一下解密的复杂程度。

比特币采用了多重哈希函数加密、编码和数字签名技术。我们没必要了解哈希函数的细节,只需知道这个函数产生的哈希值很难破解,因为哪怕只更改信息中的一个字母,产生的哈希值都将千差万别。要找到对应同一哈希值的两个不同的输入,从计算的角度来说基本上是不可能的,所以反向破解哈希加密后的结果,其难度就像在全世界的沙子里面,找到一粒符合条件的沙子。这种难度的计算所需要的计算能力和花费的时间,从实践角度是完全不可行的。

3.4 智能合约——扯皮赖账者止步

相信读到这里,大家应该对区块链技术有了充分的信心。它是安全的,具有在去中心化社会生态内建立信任和共识所需的工具和机制。那么,能用它做些什么事情呢?也就是应用的范围有多大,这是区块链技术3.0时代人们最关心的一个问题。

任何交易活动都可以看作是按照某个约定执行的,这就是合约的概念。广义地讲,很多人与人之间发生的活动也是遵循一定之规的,某些属于社会规范,某些属于经济规范,但是不一定要明确地写成合约的形式。我们这里只讨论交易活动。

按理说,合约就是一种承诺和安排,一旦合约执行的条件具备了或者被触发了,立约人就应该严格履行合约约定的活动。在现实生活中,有时合约的执行过程并不顺利,而且效率也不够高。而如果能够把一些合约编写成计算机代码,特别是在交易标的本身就是数字资产的情况下,履约过程会非常高效。因为一旦触发合约执行条件,计算机程序就可以无须人为干预,自动执行合约规定对应的数字资产的处置流程;并且人们也无法对此过程加以干预,这就避免了扯皮、赖账等失信行为的发生。

上面所说的触发和执行合约的计算机代码,就是"智能合约"。很多人并不知道计算机代码怎样写,我们可以将其理解为用计算机语言编写的一段程序,其主要作用就是规定好"当……(达到什么条件）的时候，就……（做什么动作）"。

智能合约的理念几乎与互联网同时出现。1994年，密码学专家尼克·萨博首次提出了"智能合约"（smart contract）这一术语。区块链智能合约背后的理念是"代码即法律"。智能合约具备三个要素：自治、自足和去中心化。

自治表示合约一旦启动就会自动运行，而不需要它的发起者进行任何干预。

自足表示智能合约能够全权管理和处置资源。

智能合约是去中心化的，这也就是说它们并不依赖单个中心化的服务器，而是分布式的，通过网络节点来自动运行。

有些经济活动确实可以用代码实现，下面列举3个例子。

例3.1 客人入住酒店，在接待柜台交押金之后会拿到房卡。预订期满，房卡会自动失效。如果采用区块链智能合约技术，酒店前台就不需要人工值守了，所有交押金、验身份证、派发房卡、回收房卡、结算等环节都可以交给机器完成，不会出错。

例3.2 采用区块链技术，简单的保险理赔，比如车险、急诊住院险的理赔，只要出险人在网上提交相关证据之后，就可以触发理赔条件，自动划账，快速完成理赔流程。对于飞机延误险这种险种的理赔就更简单快捷。

例 3.3 对于需要支付宝作中介的网上购物来说，通过创建一个智能合约，区块链自动追踪物流信息，在用户确认收货后的 24 小时后，可以自动扣款并支付给卖家（图 3.7）。

图 3.7 支付宝网上购物自动扣款

智能合约上传到区块链之后,区块链上的所有节点(参与各方)都可以接收到相关合约信息。而智能合约的执行,也需要区块链上负责验证的节点进行验证,确保合约已达到触发条件,达成共识后,智能合约被自动执行,并将结果通知相关各方。

智能合约是在通证和共识机制之后,另一个可以创造信任的技术手段。由于避免了一些失信行为发生的可能,以前一些难以达成信任而无法做出的交易,用区块链智能合约就可以完美解决,它创造了更多的商机,也降低了交易成本。

当然,智能合约也有一定的局限性,至少现在有很多交易活动还无法通过编程实现。这和去中心化一样,需要有一个发展过程。但是利用智能合约技术,确实可以大大提高一部分工作的效率,带来更好的客户体验。

▶ **延伸阅读**

技术驱动金融(区块链)

Chapter 4
第 4 章
数字货币的哥德巴赫猜想

> 区块链的中心思想是商品的所有权可以被交易——不管它们是金融、实体或智力资产。其目标不仅仅是记录这个地块,还记录所涉及的所有权,这样权利的所有人就不能被侵犯了。
>
> ——赫尔南多·德·索托

前面我们说了，比特币最开始确实实现了支付和购买功能，尽管当时"币值"很低，要花上万个 token，才能换来一个比萨。这种形式的交易，与其说是用"币"购买商品，不如看作"以物（token）易物（比萨）"更为贴切。比特币也可以作为现金支付的媒介，正如比特币始作俑者中本聪设想的那样，如果真的只充当支付载体，那么它和人们日常玩游戏时使用的各种代币就没有多大区别了。所以，比特币诞生时更像是一个小礼物，只是矿工和投资矿场的人花费了很高的成本挖到比特币，本身已经消耗了资源，其中沉淀了一部分价值。然而，在金融市场的炒作下，比特币的初始价值被大幅放大，逐渐变成了一种可部分替代货币的商品。

这里要再次提醒读者，无论叫 token 还是 ×× 币，这些都不是货币，尽管各种媒体将其与货币混为一谈，统称为"加密数字货币"，但是本书一直采用的说法是"加密数字币"，明确其本质不是货币，而是一种叫"币"的数字化商品❶。

---

❶ 2013 年中国人民银行与工信部、银监会、证监会、保监会联合发布的《关于防范比特币风险的通知》指出："比特币应当是一种特定的虚拟商品，不具有与货币同等的法律地位，不能且不应作为货币在市场上流通使用。"这是中国迄今为止对比特币性质进行界定的重要规范性法律文件。

第 4 章 数字货币的哥德巴赫猜想

本章要回答的一个重要问题是：是否应该切断 token（通证、代币或加密数字币）和法币的兑换通道，让 token 的使用限制在发行企业所设计的经济体系之内。这种情况是可能的吗？

4.1 数字货币时代你能见得到

人类一直在货币使用的轻便程度上不断改进着。

货币的形态从原来笨重且易碎、易损耗的石头、贝壳，变成了金属，再发展为银票，直到现在广为熟知的信用卡、第三方支付等电子支付工具和渠道，我们有理由相信，数字货币的出现只是时间问题。

其实货币的电子化支付早已出现，中国就是一个典型例子，人们已经越来越习惯刷卡、刷微信和支付宝付款。以北欧国家挪威为例，数据显示，目前每天只有 6% 的挪威人还在使用现金，他们大部分是老年人。瑞典人使用现金的比例也只有 15%。人们在一天的生活中，乘车、购物、缴费、加油甚至停车全部刷卡完成支付，只有孩子学校举行义卖活动的时候才可能用到纸币。

电子支付有诸多优点，如降低成本、提高效率等。据统计，现金支付的社会成本是电子货币支付社会成本的两倍。

但是电子货币还只是数字货币的初级形态，对现有账户体系依赖较大，防篡改能力较弱，在"了解客户"（KYC）和"反洗钱"（AML）方面的成本较高。而新一代数字货币应该能够解决这些问题。

从货币形态演进的角度讲，本书所说的数字货币指向很明确，就是法币在新经济时代的特定的数字化形态。数字货币是法币数字化的结果，也可以称为法定数字货币，其前提和对象首先是法币，而不是其他带有币的名头的商品，比如最时髦的比特币等加密数字币，或者游戏、娱乐场所使用的代币。

在现代国家，货币等同于法币，是由一国政府以国家信用发行的，在一国和国际领域充当被公认的一般等价物。这是一个基本常识。数字化货币形态显然优于纸币和硬币形态，随着金融科技的迅速发展，货币领域也迎来变革，数字货币被人们看作是未来取代纸币的发展必然，得到各国央行青睐自然是可以理解的。

当前，世界主要央行都在关注数字货币。加拿大、荷兰、澳

第 4 章 数字货币的哥德巴赫猜想

大利亚、俄罗斯等国家的央行明确提出了发行法定数字货币的计划。这些国家的中央银行正在积极研究探索法定数字货币的制度设计和关键技术。中国人民银行很早就开始研究数字化人民币，明确表示将扎实推进数字货币研发。

自 2014 年起，中国人民银行就成立了专门的研究团队，并于 2015 年初进一步充实力量，对数字货币发行和运行框架、数字货币关键技术、数字货币发行流通环境、数字货币面临的法律问题、数字货币对经济金融体系的影响、法定数字货币与私人类数字币的关系、国外数字货币的发行经验等进行了深入研究，已取得阶段性成果。中国人民银行的数字货币研究所获得的区块链技术专利目前已经排在全球第一位。

央行前行长周小川曾表示，人民币数字货币仍应基于现行人民币纸钞发行和回笼的"中央银行－商业银行"二元体系进行，但是数字货币的运送和保存发生了变化：

运送方式从物理运送变成了电子传送；

保存方式从央行的发行库和银行机构的业务库变成了存储数字货币的云计算空间。

这样可以极大提升数字货币发行和回笼的安全程度和效率。

同时，人民币数字货币必然会采用成熟稳定和安全的区块链技术，数字货币存储于数字钱包，并运行在特定数字货币网络中，成为更难篡改、更易线上和线下操作、渠道更为广泛的流通方式（图4.1）。

图4.1 人民币数字货币畅想

因此，数字货币不会以一种革命性的方式出现，它更多会受到现有支付体系的影响，只是会借鉴和利用更先进的金融科学技术

第 4 章 数字货币的哥德巴赫猜想

来实现而已。数字货币被定义为一种现金形态，应用场景将会渗入社会生活的方方面面。

对于消费者来说，数字货币的到来，意味着出现了一种新的支付手段。采用区块链技术的法定数字货币，会出现一整套新的点对点交易和支付模式，省去了中间环节，不需要第三方支付机构的参与，支付的便利性将得到很大提高。数字货币的使用将有助于全球大幅降低使用现金的成本，提升经济交易活动的便利性和透明度，加快金融资产相互转换的速度；有助于建设全新的金融基础设施，进一步完善支付体系，提高支付清算效率，推动经济提质增效升级等。

但是数字货币对现有金融体系的巨大冲击也是难以想象的，去中介化至少会改变银行业态。

当然，法定数字货币想要和人民币现钞一样，真正走进人们的生活，还有很长的路要走。数字货币从理论走向现实，其必要性、可行性和安全性需要经过市场检验，才能正式投放进入货币体系。区块链技术目前还不够成熟，无法支撑庞大的支付系统，而且安全性有待提高。同时，法定数字货币会导致点对点交易大幅增加，容易为非法交易提供便利。由于数字货币可以迅速在存款和现金之间转化，金融恐慌和金融风险一旦产生也会加速传染，增加了监管难度。此外，法定数字货币在使用过程中会获得大量用户资料和交易信息，如何存储、管理这些资料，防止用户信息泄露和非法使用，也是面临的重要挑战。

预计人民币数字货币可能还需要5~10年时间才能正式问世，而且在相当长一段时间内，会和现钞并行使用，逐步取代纸钞。数字货币时代真正到来时，全球大多数国家都会出现人们身上带的现金越来越少，旅行越来越安全，扶贫越来越精准，腐败越来越难以遁形，而小偷也越来越难当的太平盛世景象。

4.2　数字货币拒绝"去中心化"

数字货币发行的最大障碍仍是"去中心化"。不管货币表现为何种形态，它都不会是"去中心化"的。在可见的未来，各国央行不可能采取"去中心化"的方式使用数字货币。这也是区块链技术应用的一个关键方向。

理解这个原则性问题，我们可以从回顾货币演进的历史入手。人

第 4 章 数字货币的哥德巴赫猜想

类最初的以物易物是一种完全去中心化方式。但由于供需方很难匹配,交易效率极低,不仅极大地限制了交易开展,而且也无法实现价值统一衡量。正是在市场力量推动下,法定货币出现了,并从开始的实物货币逐步过渡到贵金属货币,再到纸币和电子货币共同使用。因公信力缺乏,非中心化货币最终被法定货币取代,人类进入到了货币中心化时代。

从货币中心化时代再回到去中心化货币时代,是否是一种社会进步?这更像是一个社会伦理和哲学问题,而不是政治经济问题。而我们生活在现实中,却只能从身边的政治经济角度分析这个问题。

回答这个问题至少需要两个视角:货币微观理论和货币体系的宏观政策分析。

从微观角度讲,我们要回答以下问题:加密数字币是否具有货币属性,能否替代法币。

名字叫 COIN(币)的东西就一定是货币吗?我相信大部分人不会这样想。有人以为只要有了这样的"货币",就可以脱离中央银行发行的法币体系了。如上节所说,加密数字货币应该是法币发展的未来趋势。但是要明确地是,它仍然是一个中心化的货币体系,在技术上,是否要完全采用目前的区块链技术,仍未可知(图4.2)。

图 4.2 以物易物

但是有一点必须说明:比特币这类加密数字币根本不具有货币的属性。即便有人想拿它取代法币,也是找错了对象,或者用错了工具。中本聪当初设想将比特币用于网上点对点支付,这是一种清算、结算功能,远远不是货币全部和完整的属性。代币(token)

第 4 章 数字货币的哥德巴赫猜想

可以具备这样的功能，但这只是局限在特定商业环境和范围之内，我们可以称之为"商圈"，而不应与法币系统混在一起。

货币最重要的属性是作为交易媒介，也就是商品或服务在人与人之间交易的被广泛承认的一般等价物。如果世界上只有一种区块链加密币，比如比特币，尽管其加密性非常好，而且能够解决交易信用问题，但由于其数量有限和越来越高的开采成本，显然具有和贵金属铸币同样的经济通缩缺点。金本位制早已被证明无法支持庞大的经济发展规模，比特币必然殊途同归，作为货币是没有前途的。

问题是基于区块链技术的加密数字币基本上可以是无限多种的。比特币作为一种原币，它可以有很多很多种衍生和变种。各种"币"很难作为相互交易的一般等价物。虽然这种币具有个人信用，而且个人必须珍惜这种信用，失信就意味着这种币一文不值了。但这仍不足以说服其他和你交易货品或服务的人同意收取你的这种币。

现代货币还有一个特征很难回避，即它的信用基础。目前几乎所有货币都是国家凭借公权力和公信力发行的。而由私人或私人机构发行的加密数字币依然没能克服历史上曾经存在过的私人货币的根本性缺陷：价值不稳，公信力不强，可接受范围有限，容易产生较大负外部性。它很难通过公众和市场的检验。从这个角度看，不管采用的技术有多先进，采用这类加密数字币作为"货币"，仍是走回头路，是回归一种落后的货币形态。

任何一种货币，本身既不能用于果腹，又不能用于保暖，不能直接解决衣食住行和娱乐需求，只有在交换中才能实现使用者的目的。而货币交换的基础就是人们的普遍认同——包括币种和交换比例。这些问题并没有因为区块链数字加密技术的出现而得到解决，因此加密数字币也就没有替代法币的现实意义和社会基础。

此外，我们还需要从货币的宏观经济角色上分析这个问题。

货币并非只是用于流通，它也是国家对社会经济进行管理的重要工具。货币由国家做信用背书，有价值锚定，具备信用创造功能，会对经济产生实质作用。这是通过国家的货币政策实现的，中央银行通过对货币的发行、资金成本定价等方式，使其与国家的财政政策、汇率政策等共同发挥作用。

很难想象由央行发行货币来保证金融政策的连贯性和货币政策的完整性，这个职能能够被私人机构所取代。央行起到了货币总

第 4 章 数字货币的哥德巴赫猜想

控阀门的作用,这个功能是中心化的,如果去中心化,种类几乎可以无数的各种加密数字币充斥市场,不仅货币结构发生了不可控变化,而且很难控制经济体中流通的货币总量,货币乘数理论上可以无限放大,金融资产相互转换速度加快,货币流通速度难以测量,通货膨胀和通货紧缩可以随时发生,甚至快速交替,导致经济体系混乱甚至崩溃。这根本无须尝试,已经在很多国家的历史上重复出现过多次了。

货币政策职能很难交由超主权机构行使。当今世界仍然是以国家主权独立和自治为基本架构的世界,货币的发行和监管是国家至关重要的利益所在,是国家主权的重要组成部分。对超主权货币的探索早就开始了,从1944年凯恩斯提出"贝壳币"(Bankcoin),到国际货币组织的特别提款权(SDR)、欧元等,人们一直都有探索,但至今没有一个币种成为真正的超主权货币。超主权货币必须得到各国同意,甚至要求各国放弃部分国家权力。这是不现实的。

所以,无论是个人、私人机构还是超主权组织,都无法取代货币必须由国家或地区货币发行机构发行和管理这个人类社会的基本原则。这决定了货币必须是中心化的。而各国央行在采用区块链等新技术的过程中，也必然会坚持这个原则。

去中心化还有一个障碍来自国际治理压力。去中心化的特点，易被洗钱、恐怖组织融资等非法活动利用。这个问题在加密数字币上反映得非常明显，日渐引起国际社会广泛关注。各国将会采取联合治理行动，也必然会降低加密数字币的"去中心化"程度。

4.3 未来的社交圈——token 经济生态圈

我们已经回答了加密数字币（代币或 token）为何不能成为货币。现在来回答本章第二个重要问题，token 能否不作为货币也能支持经济活动呢？这就是现在非常流行的所谓"token 经济学"研究的题目。

token 不能作为货币广泛应用于所有经济活动领域，但并不意味着它被判了死刑，或被打入冷宫不得再见天日了。token 还是有其使用价值和使用空间的。在局部的经济活动中，token 的使用可能是有益的，只要将其与法币系统有效隔离，就不会冲击宏观经济系统。

token 是一种数字资产权益证明。像股权和债权一样，token

第 4 章 数字货币的哥德巴赫猜想

也代表权益，区别在于 token 更加明确地针对的是数字资产。不难推断，token 经济首先必须将资产数字化，或者经济活动中的资产本身就是数字资产。在这种情况下，token 的价值和股票、债券一样，会随着其所代表的权益价值变化而变化。

各种加密数字币是不是 token 经济的表现形式呢？我们仅以比特币为例进行分析。

比特币是一种数字资产，创世区块出现之后，每一个比特币都是"挖矿"这种"劳动"的产物，每一个比特币都有明确的所有者。但是，生产比特币的这种活动是不是"有效劳动"，这是一个见仁见智的问题。如果我们从社会意义角度看，至少目前这种"挖矿"活动对于国民经济可能不仅好处不多，从耗费大量电力能源角度看，甚至可能是坏处更多。比特币的另一个负面影响是其利用现实世界的金融市场进行无止境的炒买炒卖，引发了金融市场的动荡。

我们可以看到，几乎每一种新出现的加密数字币都和某个经济项目结合在一起，尽管很多项目经不起推敲，而借此项目发行的加密数字币被人们挖苦为"空气币"，也就是骗钱的工具，但是这个经济模型的出发点是正面的，即每一个发币的区块链项目，都尝试以其所发行的币（token）作为激励工具，促进参与各方积极协作。参与者对这个经济项目的贡献越大，得到的币越多。而随着项目发展成熟，得到市场越来越多的认可，币的价值也将水涨船高。这就是一个理想的 token 经济系统。换成现在时髦的术语，是一个 token 经济生态圈。

换言之，如果加密数字币和某种更为积极正面的经济行为结合在一起，其社会经济价值会更大，也更容易被接受，在经济脱虚向实的大环境下，更有助益。这类经济活动并不是没有，正如第 3 章讨论的知识贡献与分享的例子，类似应用场景还有很多。

我们以供应链为例。一个大型制造业企业的供应链会影响到数万家企业。在传统的供应链融资系统里，这个大企业只能对自己的一级供应商进行信用背书，信用无法延伸到二级或者多级供应商。而一级供应商只能在有限的信用额度内为相关等级低一级的供应商提供信用支持，这种信用支持很快衰减到几乎可以忽略不计，导致供应链中的绝大多数企业无法从第三方金融机构获得足够的授信额度。

但是如果引入 token，这个企业就可以在区块链上发行自己的

token，让 token 在自己的多级供应商体系里流通，token 的真实性可以通过区块链验证，token 的交易可以通过区块链自动进行。任何金融企业都可以查询区块链上的交易，评估任何一级供应商的订单状况，从而进行授信。这就形成了一个良好的信用生态圈。在这个圈内，所有企业之间的生意活动和信用都能依靠 token 生成，从而自我证明自己的信用状态，以供第三方金融机构评估融资风险水平。这种基于 token 的供应链和完全依赖一个中心企业（大企业）信用进行融资的情况完全不同。由于具备内嵌的信用创造和识别机制，不再依赖大企业和上层供应商承担相应法律责任，最终会使能够获得第三方金融支持的供应商数量比之前增加数倍。这种结果无论对于大企业还是供应链上的中小企业都是普惠的，也扩大了银行的可信客户群体和业务规模，最终造福整体经济。

在上述供应链经济生态圈里，token 不仅承担了资产数字化载体和内部结算媒介职能，而且由于区块链技术能够保证每一次记录都是准确真实不可篡改的，因而也创造了经济活动中最为珍贵的信用。这个经济生态圈的经济规模足够大，创造的信用数倍于普通供应链，是一个典型的好的 token 经济。

区块链的一个根本能力是能够实现高流动性、快速交易、快速流转、安全可靠的功能。我们可以设想一下,把各种权益证明比如门票、积分、合同、证书、点卡、证券、权限、资质等全部进行通证化(tokenization),在区块链上流转,放到市场上交易,让市场自动确定其价格,同时在现实经济生活中可以消费、可以验证,这些都是紧贴实体经济的良性应用。

token经济具有一个特点,就是各个经济生态圈的token都具有特定维度上的价值,在各自的圈子内是不可或缺的。作为一个开放的经济系统,圈内成员的进出会带来token的流动和交换,这就会导致出现类似不同货币之间兑换的情况。各种token可以用法币标价,但都禁止法币直接替代各种币在所在的token经济生态圈内使用。

这种切断了法币进入token经济生态圈,而将token作为所在经济生态圈的"圈币"的经济现象是值得探讨的。

试想一个这样的社会:法币不再是所有经济活动的货币媒介,社会经济生活被分成了多样化的很多个开放的圈子,每个圈子都有自己的经济活动,在特定范围内,使用自己的"圈币"。但也有人在这些经济活动之外,处于平常生活的圈子,使用的是法币作为交易媒介。每个人每时每刻都在不同的圈子间流动,在不同的圈子遵循透明的规则,使用不同的"圈币",相应也留下了可追溯和不可篡改的活动记录(图4.3)。

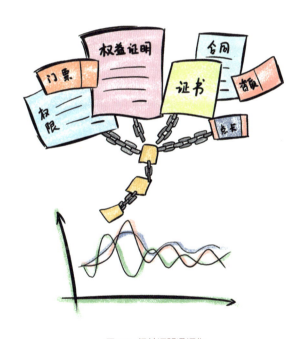

图4.3 权益证明通证化

这或许是一个更加有序的社会形态。有了token,参与者、项目建设者、产品,这些要素在特定经济生态圈内有机地流动起来。

进入圈子的人越多，生产活动越昌盛，token 就越有价值。人类社会生活会出现自组织经济生态，token 可以方便、低成本地实现圈内的投票和表决。到目前为止，还从未有一个国家经历过这样一个存在多种价值符号和多种价值尺度的社会，在这个社会中社会治理、国家管理、宏观经济等方面，都会出现前所未有的考验，很多经济和社会规则都会逐渐发生深刻的变化。

▶ **延伸阅读**

区块链——技术驱动金融（阿尔文德·纳拉亚南等）
资本论（第一卷）（马克思）

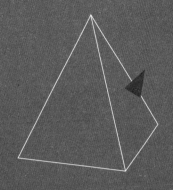

Chapter 5
第 5 章
区块链是商业润滑剂

> 这是一项去中心化的技术,没有中心化的机构去控制它,每一个人都知道其中在发生的事情,它里面的记录会被永久保存起来。
> ——赫尔南多·德·索托

人类社会如果没有物品交换以及后来出现的商业，而是像野兽那样靠抢夺维生的话，可能不会延续这么久。交换和商业，是人类形成社群，得以生存繁衍的一个基础而重要的活动。

有学者对最开始的人类物品交换做了一番研究，发现无论是在东方还是西方，最初的物品交换有一个共同点：发生在朋友（或熟人）之间。比如米塞斯和哈耶克发现"交换"在希腊语中有"朋友"的意思。而汉字"朋"，很像是一个人在中间，两边各有一串贝壳。贝壳在远古时代曾经被当成货币使用。无论是朋友还是熟人，显然双方建立了一定的信任，因而交换得以进行。商业交易是物品交换的高级形式，由此可以看出，信任是人类社会发展的一个重要基础，是交易的基础，是商业的润滑剂。

区块链技术有希望带给我们一个不同的商业世界，在那里，普惠金融、共享经济会成为生活常态。事实上，区块链已经在金融领域的多个场景和层面开始了应用，包括支付、保险、房地产金融、资产管理、证券等。区块链可以作为金融科技的底层技术架构之一，在多方面重塑金融业态。无论是传统金融服务，还是互联网金融创新，区块链技术都有非常广阔的应用前景，互联网金融正在进入"区块链+"时代。

5.1 科斯几页纸摘取诺贝尔奖

人类最原始的商品经济是物物交换，但无疑这样的交易成本非常高，同时还需要面临较高的交易风险。人们意识到这一问题后，很快便过渡到利用信用建立交易的方式，但我们传统的信用建立需要依靠很多强大的背书"中心"，比如央行、商业银行，以及法院、监管机构等。这就使得传统的交易成本较高，比如去银行贷款，其过程极其复杂且繁琐，银行经过漫长的审核之后才会决定是否给你贷款。

熟悉经济的人，大多听说过科斯定理❶。这个定理有很多种说法，其中一种是：只要产权明确，如果交易费用为零，通过市场的交易活动和权利买卖者互定合约或"自愿协商"，都能达到资源

---

❶ 参见[美] 罗纳德·哈里·科斯《企业、市场与法律》，上海三联书店1990年版。

的最佳配置。

在此我们要讨论的是交易费用为零这个假设。其实，现实的经济活动中，可以有太多因素导致交易费用不为零。下面只说说信任这个因素。由于交易双方之间缺乏了解和信任，很多生意是谈不成的，或者需要花费很多精力和时间才能达成。在一个信用体系不健全、人口流动性很高的商业环境下，如果没有第三方中介或者监督，两个陌生人之间的交易就只能依靠"良心"，这不是一个可持续的商业机制。况且即便能够做成一些交易，也不能适应现代大规模经济活动的需要。

科斯定理很神奇，颇有数学的简洁之美，而科斯在他的论文里没有用到任何数学公式，也从未明确用文字写出这个定理，有关科斯定理的获奖论文也只有区区几页纸。然而科斯本人却因此获得了诺贝尔经济学奖。

科斯定理显然是"醉翁之意不在酒"，不只是在科斯那个时代，即便今天，我们仍无法将交易费用降为零。所以，科斯真实想表达的意思是，既然我们不能做到交易费用为零，那么做好产权制度的设计就是十分必要的。

第 5 章 区块链是商业润滑剂

产权制度当然很重要,但是这不是本书要讨论的话题。我们要说的是,随着技术的发展,人们正在将交易成本不断降低。其中很大一部分努力就是降低不信任造成的交易成本。而区块链技术正在为这个问题的解决提供一个可供选择的途径。

商业的基础是交易,交易的基础是信任,而区块链让商业行为的记录不可更改。这使得整个社会"撒谎"的成本变得更高,而交易的信息成本相反变得很低,原来很多没有办法完成的交易都可以借此完成。

如果人类能够将信用成本大幅降低,甚至降为零,这个成就完全值得获得任何一个奖项。发明一个信任机制,解决商业世界的这个重要障碍,完全可以获得诺贝尔奖。而区块链技术被称作"信任机器",在这方面前景远大。区块链技术的实质是在信息不对称的情况下,无须相互担保信任或第三方(所谓的"中心")核发信用证书,采用基于互联网大数据的加密算法创设的节点普遍通过即为成立的节点信任机制(图5.1)。

在区块链出现之前,商业领域的信任关系通常要依赖于正直、诚信的个人、中介机构或其他组织才能建立起来。我们通常对自己的交易对手了解不足，更不用说考察他们是否诚实可靠了。正因为如此，在网上交易中，我们逐渐地对第三方形成了依赖性，让他们负责给陌生人提供担保，并由他们负责维护与网上交易相关的交易记录、执行商业逻辑和交易逻辑。这些强大的中介机构如银行、贝宝（PayPal）、维萨（Visa）、优步（Uber）、苹果、谷歌及其他数字化的巨头占据了其中一大块的价值。

图 5.1　区块链的信任机制

第 5 章 区块链是商业润滑剂

市场经济活动中存在众多信息中介和信用中介,原因就在于信息不对称导致交易双方无法建立有效的信用机制。在这一节,我们要触及的是"去中心化"的另一个范畴——去中介化。实际上,去中心化也就是去中介化。银行是重要的金融中介机构,但是区块链技术的应用将会大大弱化其中介角色,比如互联网金融。

为了降低信用建立的成本,出现了互联网金融。互联网金融依靠大数据来建立信用,随着越来越多互联网金融产品的出现,促使信用建立,成本下降已成为时代的趋势。然而,仅靠互联网公司大数据产生"信用"是远远不够的,因为事实上,在当前形势下,大数据必然是每一个互联网公司的绝对内部资源,不可能进行无边的共享,这就产生了"大数据"多中心的数据孤岛问题。

互联网金融要实现的是普惠金融的理念。只是上网,还无法拓展金融支持的范围,其关键障碍还是如何建立上网节点之间的充分信任。区块链技术可以部分解决这个问题。任何机构和个人都可以作为节点参与,以区块为载体记录每个节点的商业活动,形成信任值。区块链中每一个交易动作都会在全网广播以供后续校验和验证。整个过程都不会涉及中心化的第三方,在某种意义上讲,区块就是每个节点从事某种商业活动的信任档案,而且这些都必须在全网公示,任何节点参与人都看得见,通过某种共识机制获得认可。理论上,当区块链的节点达到足够数量时,这种大众广泛参与的信任创设机制,就可以无须"中心"授权即可形成信任、达成合约、确立交易、自动公示、共同监督。

区块链技术可以让人类进入一个诚信被编码的时代,这大大降低了社会建立诚信体系的难度。诚信被编码到商业流程的每一环节中,它是分布式的,而不依赖于任何一个成员。参与者之间能够直接进行价值交换并可以期望另一方以诚信的方式行事。这种机械化的诚信机制和大量的诚信信息,解决了很多商业信任方面的顾虑,大幅降低了商业中的信任成本,无疑会大大拓展商业的边界和对社会生活的渗透深度。这样才能促进普惠金融和共享经济的发展。

而区块链下的共享经济,和人们现在接触到的共享单车或汽车、共享房屋,甚至共享电力等不同。目前,共享经济还停留在依靠一个平台,让交易双方通过这个中心机构达成交易的阶段。然而,这并不是真正的共享经济,真正的共享经济不需要任何第三方中介,用户间可以点对点地进行交易。而区块链技术本质上就是按照点对点（P2P）设计的，因为区块链自身拥有去中心、去中介化的特征，传输数据的过程中数据不可篡改且真实可信，所以它可以帮助创建真正意义上的共享经济。比如，国外目前很流行的房屋租赁平台 Airbnb，一旦运用区块链技术，用户们就可以不再通过 Airbnb 平台租赁房屋，而是用户间可以点对点地进行房屋信息共享。人们租车也无须再经过滴滴或神州这类平台，这种共享经济的生态网络，让闲置的资源都可以实现共享，并给所有共享贡献者经济回报，给共享服务接受者成本更低、质量更好的服务。这样，共享经济优势才真正显现出来，优化整个社会资源配置和流通，减少资源不必要的浪费，最终实现共享经济社会。

5.2 银行业抢占区块链高地

有人说，区块链技术天生就离金融行业最近，所以，这也从侧面说明了为何中国平安、招商银行这样的金融业巨头，已经率先杀入了互联网金融领域，而且陆续推出了颇具竞争力的区块链服务项目。

如今，全球各大金融机构运用云计算、大数据、移动互联等技术概念，优化便捷客户的使用体验。比如银行建立生态圈，让客户在旗舰店、全功能网点、简易型网点、ATM和电子银行间自由选择，无缝衔接各服务流程；利用大数据统计客户的偏好习惯，根据不同客户不同的生命周期，在不同阶段提供灵活组合的贸易融资产品、工具和资产配置服务方案；利用硬件软件技术创新，为客户在跨境贸易方面提供最优资金汇划路线和最佳收费模式，等等。这些科技创新可谓实实在在地改变了我们的生活方式、投资理财方式。

作为极端注重客户体验和处于金融脱媒❶危机中的行业，银行业近年的变化非常大，传统银行业态正在整体向互联网化转变，这个趋势还在进行。银行业很快就又提出了打造金融科技银行的口号。对金融科技应用的焦灼感，在银行业表现得尤其明显。中国的银行业已经从高度依赖信息技术和信息系统，到了依赖信息技术不

---

❶ 金融脱媒是指随着直接融资（即依托股票、债券、投资基金等金融工具的融资）的发展，资金的供给通过一些新的机构或新的手段绕开商业银行这个媒介体系，输送到需求单位，也称为资金的体外循环，实际上就是资金融通的去中介化，包括存款的去中介化和贷款的去中介化。

断升级信息系统的竞赛，而唯恐落于人后的阶段。很多银行直接将 IT 技术部门改名为金融科技部。

传统银行服务的各流程环节都存在的效率瓶颈、交易时滞、欺诈和操作风险等痛点（例如大量存在的手工操作、人工验证和审批工作）都可以采用区块链技术提高自动化处理程度，部分事务性简单审批可以用智能合约取代，减少处理环节出现的系统失误。区块链技术解决银行业务多个痛点见图5.2。

值得采用区块链技术的银行服务至少有以下三种：

①需要多个机构参与的服务，比如票据、清算、支付、托管、供应链金融等业务。它们具有参与节点多、流程长、文件记录和审批手续繁复的特点，人工操作不仅费时费力，而且出错概率高，收益与风险损失不匹配。采用区块链技术可以大大提升处理效率，降低成本和风险损失。

②采用中心化系统不够安全的场景，这在金融行业是普遍存在的。记录保存在中心节点有很大的安全隐患，"牵一发而动全身"，中心系统出问题，所有节点都会瘫痪，区块链的分布式数据存储技术可以有效解决这个问题。

图 5.2 区块链技术解决银行业务多个痛点

第 5 章 区块链是商业润滑剂

③还有一种应用场景和信用相关。信用建立、验证都需要耗费额外的时间和金钱，而且信用几乎是所有银行业务的基础。由于信用系统的缺失或局限，导致很多常规业务难以扩大，比如个人信贷业务，需要供应链授信，而信用证作为现代贸易的常规手段，整个开证和验证过程都非常耗时。区块链的信任和共识机制，可以很好地填补银行业务所需的信用空当。

金融服务行业已经在区块链技术 1.0 的基础上，重新打造了区块链技术，有人将其称为分布式账本技术。这种技术的特点是将加密数字币的优点（安全性、速度、成本方面）与一个需要银行或金融机构授权的完全封闭系统结合起来。分布式账本技术没有限定于使用比特币，也果断地抛弃了比特币的价格炒作，这可能颇让普通投资者感到无趣。甚至有人认为没有币的这种应用算不上是区块链。这显然是个误解。因为对于金融服务机构而言，区块链的最大优点就是它比现有的数据库更加可靠，而且在处理多环节、多方参与的繁琐事务方面具有更高的效率。区块链技术在金融领域的这种应用，完全改变了交易流程和记录保存的方式，从而大幅降低了交易成本，显著提升了效率。

随着区块链技术的不断发展完善,作为区块链技术2.0核心的智能合约的应用也开始增多。我们可以看到,尽管银行业受到政策、过去商业模式、信息系统的约束比较大,但仍然在坚定地推进区块链技术的稳健应用。区块链技术不会在银行业出现颠覆式的应用推进,但是在很多局部领域能够帮助银行降低成本、提高效率、减少风险和损失,并提高客户体验的满意度。

下面列举一些上述三类银行业务的区块链应用案例。

5.2.1 区块链解决多环节人工处理低效业务

5.2.1.1 区块链 + 支付

支付结算和清算是最基础的金融活动。区块链技术在银行业最先试水的领域就是支付结算。支付是交易的第一步,对购买方来说,就是付款。而如果这一动作不是点对点的现金换手,就需要通过金融中介进行,通过汇兑进行款项划转,比如银行(借记卡、信用卡)、第三方支付机构[比如蚂蚁金服(支付宝)、腾讯(微信)等]。从这些处理支付的机构角度看,这项活动就称为结算。而清算也是针对金融机构来讲的,就是对结算活动的监督,确认结

第 5 章 区块链是商业润滑剂

算正确及时完成。

结算和清算是银行里的苦活累活，工作量大，从开门营业到关门下班，从早做到晚，而且绝不能出一丝一毫的差错。并且跨境支付的复杂程度和参与机构比国内支付更复杂，这点从消费者角度不易理解，因为消费者看到的支付只是几秒钟内就可以完成，而实际上交易对方到账却需要很多个中间环节。此外每个国家的清算程序不同，这导致一笔汇款可能需要 2~3 天才能到账，效率极低，且在途资金占用量极大。跨境支付结算还需要支付较高的手续费，并需要有可信任的中介角色。当前 B2B 跨境支付价值链存在的根本性痛点见图 5.3。

应用区块链技术将可摒弃中转银行的角色，实现点到点快速且成本低廉的跨境支付。通过区块链的平台，不但可以绕过中转银行，减少中转费用，还因为区块链安全、透明、低风险的特性，提高了跨境汇款的安全性，同时加快结算与清算速度，大大提高资金利用率。它省去了第三方金融机构的中间环节，不但可以全天候支付、实时到账、提现简便并且没有隐形成本，也有助于降低跨境电商资金风险及满足跨境电商对支付清算服务的及时性、

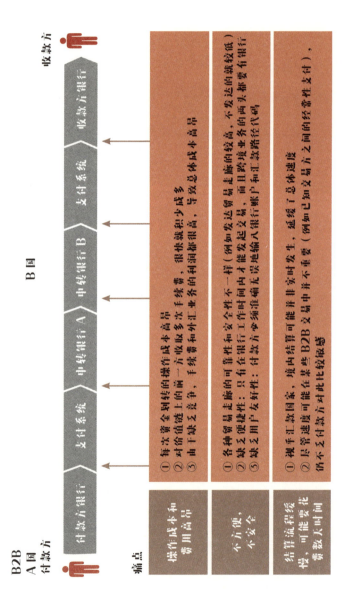

图 5.3 当前 B2B 跨境支付价值链存在的根本性痛点

便捷性需求。区块链解决方案使得 B2B 跨境支付中的中转银行不再需要，区块链解决方案优点见图 5.4。

根据麦肯锡的测算，从全球范围看，区块链技术在 B2B 跨境支付与结算业务中的应用将可使每笔交易成本从约 26 美元下降到 15 美元，其中约 75% 为中转银行的支付网络维护费用，25% 为合规、差错调查以及外汇汇兑成本。2015 年全中国涉及经常类项目跨境支付的结算量约为 8 万亿元人民币，试想每笔跨境交易成本如果下降 40%~50%，对包括银行在内的跨境支付结算参与方都会是巨大的额外收益。区块链技术的应用可以帮助跨境支付与结算业务交易参与方节省约 40% 的交易成本。

2016 年至 2017 年间，IBM 引入区块链技术管理融资环节中的发票和付款，资金在往来过程中的"签字盖章"环节减少，进而节省了资金占用时间。区块链技术还帮助 IBM 全球融资部门节省了约 1 亿美元的流动资金。

比较成熟的跨境支付的区块链技术有瑞波实验室（Ripple）的区块链支付服务，可以实现去中心化支付与清算功能。成立于美国的 Ripple 是一家利用类区块链概念发展跨境结算业务的金融科技

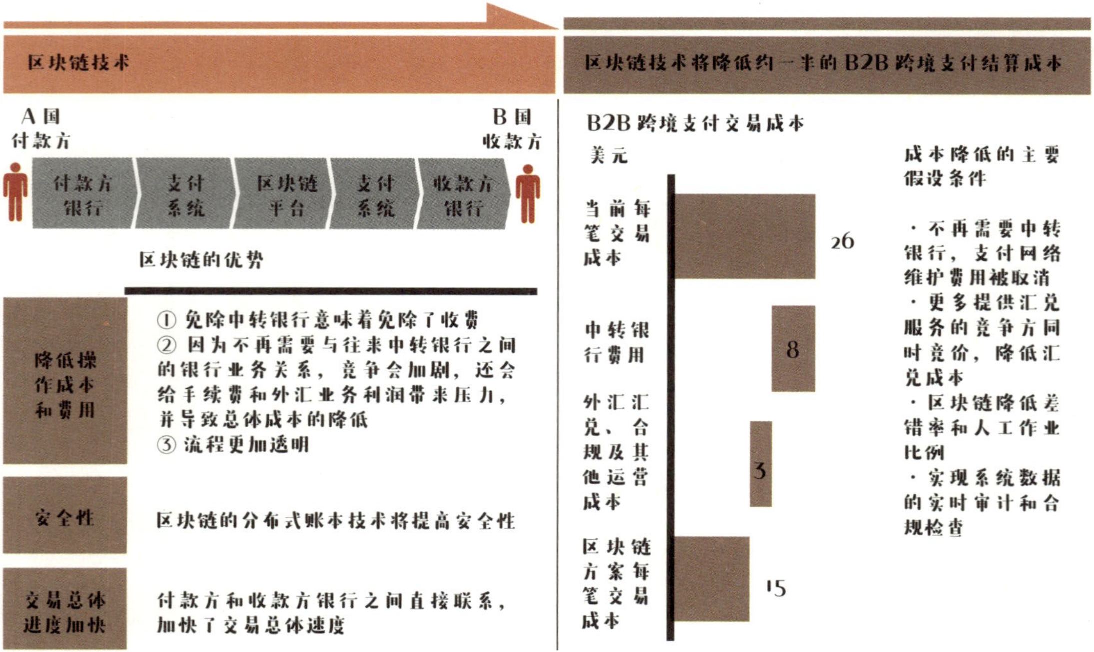

区块链技术

A国付款方 → 付款方银行 → 支付系统 → 区块链平台 → 支付系统 → 收款方银行 → **B国收款方**

区块链的优势

降低操作成本和费用
① 免除中转银行意味着免除了收费
② 因为不再需要与中转银行之间的银行业务关系，竞争会加剧，还会给手续费和外汇业务利润带来压力，导致总体成本的降低
③ 流程更加透明

安全性
区块链的分布式账本技术将提高安全性

交易总体进度加快
付款方和收款方银行之间直接联系，加快了交易总体速度

区块链技术将降低约一半的B2B跨境支付结算成本

B2B跨境支付交易成本
美元

- 当前每笔交易成本: 26
- 中转银行费用: 8
- 外汇汇兑、合规及其他运营成本: 3
- 区块链方案每笔交易成本: 15

成本降低的主要假设条件
- 不再需要中转银行，支付网络维护费用被核消
- 更多提供竞争方同时提供汇兑服务，降低汇兑成本
- 区块链降低差错率和人工作业比例
- 实现系统数据的发掘审计和合规检查

图 5.4 区块链解决方案优点

公司，它构建了一个没有中央节点的分布式支付网络，希望提供一个能取代 SWIFT（环球同业银行金融电讯协会）网络的跨境转账平台，打造全球统一网络金融传输协议。

在 Ripple 系统里，所有的货币均可自由兑换，不仅包括各国的法币，还包括虚拟币。Ripple 系统里的货币兑换和交易效率高、速度快，且交易费用几乎为零，交易确认在几秒钟内完成，没有异地和跨行费用。Ripple 是一个开源的点对点网络，构建了一套完全不同的账户体系。它实质上是一个可共享的开源数据库，可以快速、廉价并安全地将资金转账到任何人或任何机构在 Ripple 系统中的账户，没有任何人或任何机构能控制 Ripple 网络。这是分布式的账簿体系，实际上体现了区块链技术的核心思想，未来有广阔的发展前景。

Ripple 的跨账本协议（interledger protocol）可以让参与协议的各方都能看到同样的一本账本，通过该公司的网络，银行客户可以实现实时的点对点跨国转账，不需中心组织管理，且支持各国不同货币。如果 Ripple 跨账本协议可以成为金融体系的标准协议，在网络中的各方都能任意转账货币，支付就会像收发电子邮件一样快捷、便宜，最重要的是没有所谓的跨行异地以及跨国支付费用。

5.2.1.2 区块链+票据

票据是指《中华人民共和国票据法》中所定义的商业汇票，即出票人签发的，委托付款人在见票时或者在指定日期无条件支付确定的金额给收款人或者持票人的票据。在国内，票据主要指银行汇票（银票）。2017年我国商业汇票承兑余额和承兑发生额分别为8万亿元和17万亿元，分别比2001年增长了16倍和13倍，成为货币市场的重要交易产品。长久以来，票据的交易一直存在一个第三方的角色来确保有价凭证的传递是安全可靠的。

票据业务创造了大量流动性的同时，相关市场也滋生了某些违规操作或客户欺诈行为，有时会有商业银行的汇票业务事件发生。

公开资料显示，从2016年初开始，有六起票据案件曝光，涉及各类型银行，累计风险金额高达108.7亿元，主要是纸质票据。由于操作繁琐，天然存在操作风险，容易造假，且票据流转过程信息不够透明，监管难度非常大。之后监管机构采取了措施，从

第 5 章 区块链是商业润滑剂

2018年1月1日起,单张金额在100万元以上的商业汇票通过人民银行电子票据系统(ECDS)操作,降低了系统性风险。但是电子票据仍可能存在"贴现款到账与票据背书不同步"问题。另外,票据市场上还存在着票据掮客、中介,以及不透明、高杠杆错配、违规交易等现象。

区块链技术在解决上述问题方面具有很大的优越性:

可以直接实现点对点之间的价值传递,不需要特定的实物票据或是中心系统进行控制和验证;

中介的角色将被消除,也可减少人为操作因素的介入。

因此,央行建立了数字票据交易平台,解决了链上数据真实性问题。在该平台上,从票据发行即对全网所有业务参与方进行广播,当检验数字票据信息是否被转让或者篡改时,区块链可以提供无可争议的一致性证明。平台采用区块链的分布式结构,可以消除信息不对称,实现票据价值传递的去中介化,进而消除目前票据市场中介乱象。而且每张数字票据都是运行在区块链上、拥有独立的生命周期、通过智能合约编程的方式来实现的一段业务逻辑代码,利用此技术可以提高票据交易的效率,降低监管成本。

这种基于区块链的数字票据实现了价值的点对点传递。与传统电子票据相比,去中介化效果更好,能够提高金融流转效率。2018年1月25日数字票据交易平台成功上线并试运行。工商银行、中国银行、浦发银行和杭州银行在数字票据交易平台顺利完成了基于区块链技术的数字票据签发、承兑、贴现和转贴现业务。

在银票中,有大约三分之二是大量金额小、周期短的面向中小微企业的票据,由于处理成本高、相对收益低而不受市场重视。2017年3月15日深圳区块链金融服务有限公司向市场推出的"区块链+票据融资"的创新产品——"票链",以银行联盟的形式、以区块链技术应用的手段搭建小额银票融资平台,为中小微企业提供便捷的票据融资服务,在解决中小微企业进行票据融资存在的数量多、金额小、服务成本高、结算票多融资票少、客户分散、流动性差等诸多问题上取得了显著成效。票据进入平台之后,经过验票和保管环节,记入区块链账本,实现可追溯和无法篡改的资产记录。合作银行和客户以联盟方式加入区块链,在线完成票款交易(图5.5)。截至2018年3月31日,票链平台累计为数百家中小微企业提供了2000多笔

第 5 章 区块链是商业润滑剂

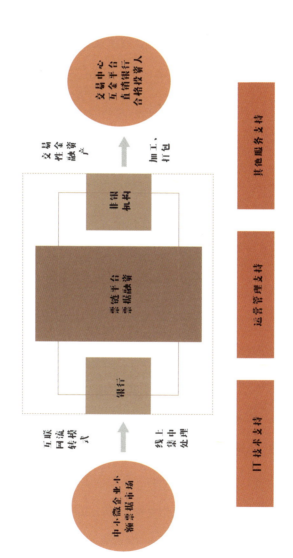

图 5.5 票链应用

银行承兑汇票融资服务，票面总金额超过 7 亿元。其中，票面金额最小的不足 1 万元，期限最短的不足 10 天。

5.2.1.3 区块链 + 信用证

2016 年英国巴克莱银行完成了全球第一笔应用区块链技术进行的信用证结算业务，用时不到 4 小时，而按常规方式结算信用证需要 7 ~ 10 天。区块链技术在信用证结算业务上优势明显。

信用证是贸易中普遍使用的交易结算模式，已经从跨境交易延伸到境内交易。此前，信用证传输存在诸多问题——证本和单据要通过邮寄传递；纸质信用证不易保存、容易伪造；信用证需要 SWIFT（环球同业银行金融电讯协会）发送确定电文，但 SWIFT 不支持中文。而在国内，区块链完全可以取代 SWIFT，实现自主可控的国内信用证交换（图 5.6）。

中信银行上线了基于区块链的国内信用证信息传输系统(Block Chain based Letter of Credit System，BCLC)，这是国内银行业首次将区块链技术应用于信用证结算领域。BCLC 改变了银行传统国内信用证业务模式，将银行和买卖方连接成一个网络，信用证的开

第 5 章 区块链是商业润滑剂

立、通知、交单、承兑报文、付款报文各个环节均通过该系统实施,各个节点(包括买卖双方)都能看到整个信用证业务的办理流程和主要信息,比传统信用证业务更透明和高效,避免错误和欺诈的发生。信用证信息传输系统缩短了信用证及单据传输的时间,报文传输时间可达秒级,大幅提高了信用证业务处理效率,同时它利用区块链的防篡改特性提高了信用证业务的安全性。

图 5.6 区块链实现国内信用证交换

此外，有些金融科技企业与巴克莱银行达成合作协议，将通过区块链技术推动贸易金融与供应链业务的数字化应用，将信用证与提货单及国际贸易流程的文件放到公链上，通过公链进行认证与不可篡改的验证。

5.2.1.4 区块链+托管

资产托管业务是资产托管人接受投资者委托，对相关财产进行保管，并根据资产运作特点提供相应的投资清算、会计核算、资产估值、投资监督、信息披露、对账等金融服务的业务。资产托管业务的主要步骤为签订托管合同、开立账户、估值核算、资金清算、投资监督、信息披露、对账等。

典型的银行托管业务除了银行自身作为资产托管方，还涉及其他多方参与，包括资产委托方、资产管理方以及投资顾问在内的多个不同机构，各方都有自己的信息系统，交易方需要反复进行信用校验，文本修改与审核繁琐，人工工作量大，费时费力（图5.7）。

资产托管业务的主要风险点为法律风险、操作风险和声誉风险。应用区块链技术后，可以缩短托管原有业务流程60%~80%，信用交换更高效。智能合约和共识机制将投资合规校验整合在区块

第 5 章 区块链是商业润滑剂

链上,并确保每笔交易都在满足合同条款、达成共识的基础上完成。区块链具有不可篡改和加密认证的属性,可以确保交易方在快速共享必要信息的同时,保护账户信息安全。此外,区块链有助于审计方和监管方快速获取信息,提前干预和管控,继而提升整个行业的风险管理水平。

图 5.7 典型银行托管业务

应用区块链技术，邮储银行推出了资产托管系统。该系统以区块链的共享账本、智能合约、隐私保护、共识机制四大机制为技术基础，选取了资产委托方、资产管理方、资产托管方、投资顾问、审计方五种角色共同参与的资产托管业务场景，实现了信息多方实时共享，免去了重复信用校验过程，实现托管资产使用情况的监督。

5.2.2 区块链打通信息孤岛

区块链的链式加密数据库加密技术可以在保障信息安全性的同时，让各个参与节点快速获得所需信息，因此很多传统业务的做法会发生颠覆性变化。例如"清算"，在区块链网络中，所有的交易都是"支付发生即完成清算"，交易完成的瞬间所有的账本信息都完成了同步更新。在需要确认和验证的业务上，由于信息的快速更新和同步特性，很多工作可以并行完成，极大提高了流程处理效率，而且因为经过多方核验，减少了错漏机会。

传统的信息沟通主要是以人为节点传输的，效率低，失真率和出错率高，甚至有些信息根本无法及时传递，信息处于碎片化和割裂状态。征信是一个明显的例子。传统征信市场面临信息孤岛的

第 5 章 区块链是商业润滑剂

障碍,对于如何共享数据、发掘数据蕴藏的价值,传统技术架构难以解决这个问题。区块链技术为征信难题提供了一种全新的思路。

首先,区块链技术可以实现全网征信信息共享,而且无法被篡改。

其次,区块链技术可以整合提供多维度大数据,显著降低征信成本。

最后,各参与主体通过某种交易机制,可利用区块链快速实现数据信息交换。

客户信息识别与管理是银行业规范管理和控制风险的基础。随着深入开放,中国银行业必将更加重视对客户开户和账户变化的监控;中国加入了国际反洗钱、反恐怖金融资助的各项国际协议,需要满足监管部门的合规要求。各银行都在不断投入资本,大力建设完备的信用机制和征信体系,并高成本地雇佣高端技术人才和法律合规人员。银行在完成 KYC(了解客户)和 AML(反洗钱)程序时,需要对客户进行背景调查和信用记录查验,这在一定程度上降低了银行开发新客户的效率,造成了资源的较大浪费。

用区块链技术可以大幅优化银行业 AML 和 KYC 流程:

一是可以通过分布式账本的不可篡改的时间戳和全网公共自治的特性，对金融交易每一笔资金的"来龙去脉"进行追溯，防止非法资金流窜，避免给社会和经济带来重大损失。

二是区块链全网数据保存在每一个节点上，实现信息共享，减少重复审核工作。

三是所有参与者的信用记录和交易信息都保存在区块链的总账本中，并被每一个节点共享，在KYC流程时可以迅速定位新客户的全部资料，节省时间提高效率。

四是安全性的提升。由于区块链数据库是一个分中心化的数据库，没有任何一个节点可以控制整个数据库，因此提高了单一节点泄露数据的难度。同时，任何节点对数据的操作都会被其他节点第一时间观察到，从而加强了对数据泄露的监控。

2016年4月，德勤将区块链技术应用于爱尔兰银行的银行系统。爱尔兰银行为了满足客户对于投资产品的需求，利用区块链可追溯的时间戳特征，为其客户的海外投资资产建立跟踪和追溯路径（图5.8）。这一技术模型的大规模使用将大大减少银行的合规成本；同时，各国金融机构通过实验收集和认证的数据将共享在区块链网

第 5 章 区块链是商业润滑剂

络中的每个节点上,并永久留存,为数据查验和追溯提供路径,最终改变银行运营模式。

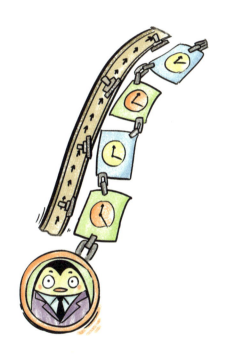

图 5.8 区块链的时间戳可追溯

银行本身是中介服务的一个重要环节,而区块链技术的一个主要目的是去中介化。区块链技术的出现必将颠覆银行商业模式的底层技术基础。但是银行体系并不简单，不同银行之间仍需要整合。未来的银行服务业态可能会提升到行业生态层面，重建不依赖中介者的金融体系间的信任模式，实现实时数字化的交易。面对区块链技术迎面而来的机遇与挑战，全球领先银行已经开始积极布局，以抢占先发优势。

5.2.3 区块链打通供应链金融"任督二脉"

目前国内贸易融资市场已达到 10 万亿元人民币，预计到 2020 年可增长到 20 万亿元。然而在可观的规模和增长背后，是由于交易流程复杂、参与方众多、自动化程度低等原因造成的高成本、低收益现状。供应链金融已经作为贸易融资的一个重要模式出现了多年，因为高度依赖人工成本，贸易融资在业务处理中有大量的审阅、验证各种交易单据及纸质文件的环节，不但花费大量的时间及人力，各个环节更是有人工操作失误的机会。银行利用传统互联网技术，无法解决上述问题。

区块链技术应用在贸易融资业务上不仅带来非常可观的成本节约，更能够将交易流程大大简化和自动化，从而提升交易效率，减少资金闲置成本,降低交易与结算风险,优化客户体验。未来首先实现区块链技术在贸易融资方面应用的金融机构能够获得业务扩张和新客户获取方面的先发优势(图5.9)。

所有参与方(包括供货商、进货商、银行)都能使用一个去中心化的账本分享文件,并在达到预定的时间和结果时自动进行支付,可极大提高效率及减少人工交易可能造成的失误。除此之外,由于交易效率的提升,整体贸易融资渠道更加畅通,对交易双方收入提升亦有帮助。

根据麦肯锡测算,全球范围内区块链技术在供应链金融业务中的应用,能帮助银行和贸易融资企业大幅降低成本,其中银行的运营成本一年能缩减135亿~150亿美元、风险成本缩减11亿~16亿美元,买卖双方企业一年预计也能降低资金成本11亿~13亿美元及运营成本16亿~21亿美元。

随着各国央行陆续推出法币加密数字货币,未来银行主要的存款和贷款业务也将很容易通过区块链技术实现。目前西班牙对外银行(BBVA)成为全球第一家使用区块链技术发行企业贷款的银行,采用分布式账本技术先在私有链上完成与借款人的贷款协商,

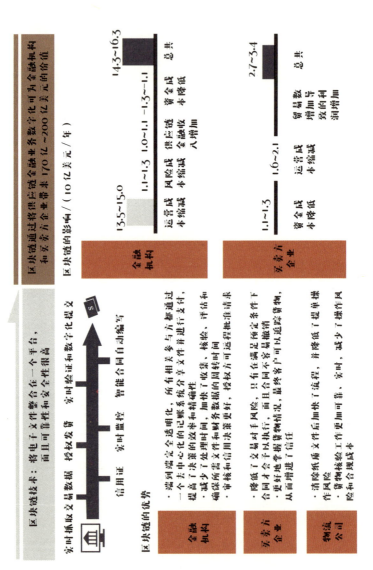

图5.9 区块链实现流线型快应链金融

然后在公有链注册。区块链可以使企业贷款市场的各方在效率、透明度和安全性方面具有明显的优势。通过使得银行和借款人都能随时了解贷款进展情况的分布式账本，一笔 7500 万欧元的企业贷款从协商到签署也可轻轻松松完成，区块链技术还将整个谈判时间"从几天缩短到了几小时"。

5.3 受惠区块链的其他金融机构

区块链作为 FinTech 中目前热度最高的一个技术领域，能够在众多金融细分行业里找到应用场景。通常金融业基本可以分为银行业和除此之外的金融机构，比如证券、保险、资产管理等。上一节我们介绍了区块链技术在银行业大量应用的例子，这一节谈谈区块链在其他非银行金融机构的应用。

5.3.1 区块链 + 交易所

区块链的去中心化、开放性、共享性、匿名性、不可篡改性等特征，可以显著提升登记、发行、交易、转让、交割清算效率，也可以保障信息安全与个人隐私。

证券的发行与交易的流程手续繁杂且效率低下。一般公司的证券发行，必须先找到一家证券发行中介机构（券商），公司与券商签订委托募集合同，完成繁琐的申请流程后，才能寻求投资者认购。目前在证券界，区块链技术仅应用在证券发行和资金清算环节，我们有理由相信，未来区块链技术在各种产权交易中必定会发挥更大的作用。

区块链技术使得金融交易市场的参与者共享平等的数据来源，让交易流程更加公开、透明、有效率。通过共享的网络系统参与证券交易，使得原本高度依赖中介的传统交易模式变为分散的平面网络交易模式。

这种交易模式有三大优势：

首先，能大幅减少证券交易成本。区块链技术的应用可使证券交易的流程更简洁、透明、快速，减少重复功能的IT系统，提高市场运转的效率。

其次，区块链技术可准确、实时地记录交易者的身份、交易量等关键信息，有利于证券发行者更快速、清晰地了解股权结构，

第 5 章 区块链是商业润滑剂

提升商业决策效率；公开透明又可追踪的电子记录系统同时减少了暗箱操作、内幕交易的可能性，有利于证券发行者和监管部门维护市场。

再次，区块链技术使得证券交易日和交割日时间间隔从 1~3 天缩短至 10 分钟，减少了交易的风险，提高了交易的效率和可控性。

区块链技术将在各式各样的产权交易所得到广泛应用，甚至成为很多领域的主要交易系统。2015 年末，纳斯达克——全球最大的证券交易所之一，首次使用区块链技术交易平台完成和记录私人证券交易。澳大利亚证券交易所利用区块链技术与银行账户连接，买卖股票后资金可以迅速到账。该区块链交易平台允许所有的参与者，在同一个数据库中进行实时的资产交易；能够让数字资产在交易的对手方之间进行转移而无须任何中央机构来负责记录交易，因而可以达到实时交易效果，实现结算时间由当前的两个工作日减少到数分钟。

除了美国纳斯达克及澳大利亚证券交易所外，芝加哥商品交易所、迪拜多种商品中心和德国、伦敦、日本、韩国等多国的证交所都已经开始开发区块链技术的应用。中国近来也由上海证券交易所牵头中国分布式总账基础协议（ChinaLedger）联盟，组织国内商品交易所，实验由区块链发展场外交易平台。

5.3.2 区块链+保险

早在一千多年前，中国商船海员就尝试通过众筹的方式为个体船只受到飓风等海上自然灾难造成的损失进行赔偿，这便是保险的原始雏形。经过几个世纪的发展与完善，现如今的保险业市场规模已高达数万亿美元，发达国家人均保单已超过五张且该数字仍呈现逐年递增的态势。保险公司源源不断地为整个商业系统提供充足的原动力。一方面它需要承担起保费资金的归集、投资与管理的责任；另一方面还需要处理客户端的核保与索赔。这导致焦头烂额的保险公司不但日夜操劳，而且运营成本和管理成本高昂，信息随时可能会丢失，保单理赔可能会出错，结算时间也可能会被无限延长。

区块链技术的引入将拯救保险公司于水深火热之中，通过区块链可以记录保险索赔的全过程，进而消除虚假信息来源。

借助区块链技术，保险公司可以通过这个被多方共同认可的分

第 5 章 区块链是商业润滑剂

布式账本,精确地记录永久性交易,并通过对相关机构访问权限进行适当限制以控制和保护数据安全。同时,将理赔信息存储在联盟链共享账本中也将有助于保险公司间进行协作,打击整个保险生态系统中的不法行为。例如重复投保财产保险不能获得超过标的物本身价值的赔偿金额,然而,索赔流程的缓慢和信息不对称为犯罪分子就一项损失申请多次赔付创造了诸多便利条件。一方面利用区块链技术这种开源的记账方式使得先进行记账理赔的保险公司可以在全网范围内进行广播,让整个联盟中的保险公司获知该项事故已进行了索赔,从而消除了双重记账风险,防止了针对同一事故的多重索赔;另一方面通过数字证书创建对保单的所有权可以减少对保单的篡改和伪造,从而进一步提高保险公司的净利润,为消费者带来更便宜的保费和更便捷的服务,顺应当下用户体验为王的服务宗旨。

上述应用的一个例子是 Everledger 公司与 IBM 携手打造出了一个可以追踪血钻的应用,使用区块链技术为买家、卖家和保险公司共同搭建了一个钻石所有权账本。一方面该项目用区块链技术数字化 160 万颗钻石,为每一颗晶莹透亮的钻石量身定制了一段程序代码存储于区块链之上;另一方面通过引入瑞士先进的宝石指纹技术，采用数字指纹进行激光蚀刻，使得每颗宝石都有唯一的可识别信息，如序列号、清晰度等，该指纹信息同样被存储在不可篡改的分布式账本上。一旦宝石本身的物理属性发生了任何细微变化，联动使其在账本中对应的字符串本身也会随即改变。如果一位心怀不轨的钻石珠宝商试图伪造报告且谎称钻石已在商店被盗并提出保险索赔，由于每块钻石的指纹信息已经存储在 Everledger 区块链的账本中，一旦钻石重新出现，保险公司便会收到通知并有权收回钻石，使得钻石珠宝商竹篮打水一场空（图5.10）。

通过智能合同执行的共享账本和保险单可以提升数据收集和理赔效率❶。

区块链技术的引入使得投保人和保险公司可以通过数字代码跟踪和管理实物资产，通过拟定智能合约自动触发后续赔偿机制，同时共享账本会将索赔和最终资金的划转过程完整记录于区块链中，而这些信息一旦写入链条，无论天荒地老、海枯石烂均不会有一丝一毫之动摇，区块链会在岁月的长河中坚守，为权威机构后续

---

❶ 刘斌《区块链技术如何颠覆保险行业》，来自公众号点滴科技。

第 5 章 区块链是商业润滑剂

永久性的审计和跟踪提供强有力的支持,甚至可将其定义为具有法律效力的呈堂证供。

图 5.10 保险公司应用区块链技术可以避免被恶意索赔

区块链技术所提供的智能合约的应用,无须投保人申请,也无须保险公司批准,只需要按照智能合约所规定的理赔条件,即可实现自动核保,保单自动理赔。区块链上数据真实、难以篡改的特点，可有效简化保单理赔处理流程，降低处理成本，降低索赔欺诈的概率。智能合约可以帮助人们理性而客观地解决赔付问题。首先将白纸黑字的保险条款转化为可编程的一串串数字代码，当被保险人向保险公司提出索赔请求时，智能合约便会遵循之前写入的触发规则，自动确认其可以赔付的范围，从而自动高效地处理索赔并迅速为多边参与者计算其可量化的保险责任。当然，智能合约的使用有一定的限度，在理赔标准较为单一的保险产品中，区块链的优势明显。

例如在航空保险中，航班一旦取消或者发生延误便会触发赔偿机制，智能合约通过与空中交通管制数据库进行信息共享互通，便可准确衡量是否需要进行理赔并快速反应。通过智能合约安全执行区块链上的再保险合同可简化保险公司和再保险公司之间的信息和支付流程。发生诸如飓风或地震等事件时，智能合约会评估参与者的数据来源并自动计算应该支付给受影响方的赔付金额。据普华永道估算，区块链技术的引进可以为再保险行业节省5亿～10亿美元的运营成本。欧洲最大的保险公司之一安联保险（Allianz）与对冲基金公司（Nephila）早在2016年已成功使用基于区块链的智能合约处理巨灾互换(catastrophe swaps)和灾难债券(catastrophe bonds)交易。当突发事件发生时,智能合同驱动的巨灾互换便会触发并根据再保险协议自动支付给保险公司。

保险信息属于高度保密的个人隐私信息,在保险产品全周期中,需要确保信息可以安全快速共享。而医疗记录保险信息在区块链构架下可以实现加密保护并在医疗保健提供者之间迅速共享,从而促进健康保险生态系统良性共生。根据卫生部信息中心统计数据显示,人的一生患重疾的概率高达72%,每个人通常都会在一生中拜访多位医生,这些碎片化的医疗记录被分散在不同的医疗机构中,它们虽然对我们每个人都至关重要,却支离破碎而不成体系,导致很多病患要在不同医院进行重复检查。一方面传统医疗记录的后端基础架构早已过时,由于涉及的主体众多,很难在医疗机构间推行医疗数据共享;另一方面严格的隐私保护法又会进一步催生医疗系统内的信息孤岛。

这时,加密保护区块链技术的引进便可一箭双雕地解决前述难题,它在保护患者隐私的同时,通过建设联盟链同步医疗数据库,从而有选择性地实现信息共享,真正将打开自己医疗数据大门的钥匙交还给个人,并结合具体情况为医生提供访问权限。例如,Gem Health 项目,构建以太坊区块链上的医疗保健应用和基础设施的网络,让患者享有其医疗数据的控制权。该项目努力让患者、医疗机构和保险公司能够实时查看患者的健康时间表,真正将碎片信息系统化、规范化。

▶ 延伸阅读

区块链——银行业游戏规则的颠覆者(2016)(麦肯锡)

区块链从理论走向实践(2016)(高盛)

金融科技启示录(2018)(曹彤)

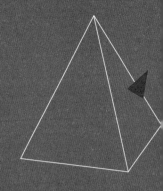

Chapter 6
第 6 章

区块链打造万物互联的世界

未来几年内,物联网将会成为区块链技术最大、最激动人心的应用领域之一。

——莱恩·塞尔吉斯

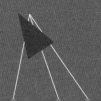

传统互联网是人与人连接的电子网络，而互联网的便利让人类越来越不满足于此，万物互联成为互联网业态升级的一个重要推动力。物联网是继计算机、互联网与移动通信网之后信息产业的第三次浪潮，被视为第四次工业革命的核心支撑。物联网（internet of things）可以简单理解成"物物相连的互联网"。当然这个说法不太准确，因为人早已成为互联网的节点，所以说是万物相连更为准确。

要达到这个理想境界，就需要用技术可靠地实现机器间的协调以及人机互动、人与人的合作。根据思科（CISCO）的估计，到了2020年，平均每人身上将会有6.58个以上的联网装置。作为一种"制造信任的机器"的区块链技术，大有用武之地。

我国物联网市场规模增长迅速，预计未来几年，我国物联网行业年均增速将达到30%左右，2018年物联网行业市场规模有望超过1.5万亿元，行业空间巨大。从全球投资情况来看，在过去几年里，企业投资人在物联网领域已经投入35亿美元，预计未来几年仍将高速增长。根据IBM的预测，到2020年，全球将有超过200亿台的物联网终端。麦肯锡公司（McKinsey & Company）有

第 6 章 区块链打造万物互联的世界

数据表明，2025 年物联网终端将达到 250 亿台，整个经济规模高达 6 万亿美元，关联经济将超过 36 万亿美元。

6.1 智能机器人 + 区块链

有专家认为当前人们对物联网产业低估了，因为通过连接所有的"物"可以带来更庞大的关联经济，提高关联物的使用效率，可以把实体的"物"数字化、资产化，变成虚拟空间有价值的数字资产，这个潜在的价值是无穷的。但问题是从接入网络到发挥应用价值的环节仍没有完全贯通。

在联通环节，首先面对的是高昂的成本和复杂的方案。当前物联网生态体系依赖的是中心化的代理通信模式或者服务器 / 用户端模式。所有的设备都是通过云服务器验证连接的，云服务器具有强大的运行和存储能力。这类方案除了服务中介成本以外，与集中云和大型服务器群相关的基础设施及其维护成本很高。

对于解决物联网的接入和维护成本问题，区块链技术和物联网不仅具有天然的属性，而且能够降低成本。物联网和区块链技术的共同点是去中心化和分布式，这决定了物联网可以利用区块链技术实现真正的去中心化。物联网通过应用智能感知、识别技术等计算机技术，实现信息交换和通信，能满足区块链系统的部署和运营要求。物联网的应用系统中，如智能家居、智慧能源等可以通过设置恰当的智能合约，实现系统智能化服务。

物联网对系统安全性要求高，而区块链通过非对称加密算法实现了信息加密和数字签名，利用私钥加密信息，公钥解密验证信息来源的真实性。物联网可以运用区块链技术的加密思想，建立一套可信的加密系统，提高网络安全性能。

区块链技术可以被用于追踪设备的使用历史，协调处理设备与设备之间的交易，还可以通过设备与设备之间、设备与人之间进行数据交易而使物联网设备独立。当入网产品最终完成组装时，可以由制造商注册到通用的区块链里，标示它生命周期的开始；一旦该产品售出，经销商可以把它注册到一个区域性的区块链上（社区、城市或国家）。通过创建有形资产并匹配供给和需求，物联网将会创造一个新的市场（图6.1）。

第 6 章 区块链打造万物互联的世界

图 6.1 物联网世界

要实现智能机器网上互联、通信和协同工作,需要建立物联网生态统一标准。目前中国牵头制定了物联网六域模型,并经 33 个成员投票,立项成为全球首个物联网顶层架构国际标准项目 ISO/IEC-30141。这个标准充分考虑物联网技术特点和商业生态建设需求,在数字资产发行、用户信用身份管理、P2P 通信、加密算法、共识算法、智能合约、跨链合约模式、市场化共识激励、分布式应用（DApp）、新业务快速接入等方面，以现有区块链技术为基础进行深度的优化，以使物联网去中心化公有区块链生态系统保持良性、快速、可持续发展，高效实现信用数字资产的流通和价值转化，打造区块链与物联网推动实体社会发展的全球标杆。各行业都可在此之上根据自身需求，高效率、低成本地建立自己的业务模型和去中心化APP应用。当然，物联网标准不可能是唯一的，未来还将出现其他标准，形成不同的物联网生态系统，但是最终应解决相互开放和兼容问题。

除了物联网标准，智能机器接入物联网的另一个基础设备是传感器。例如，区块链创业公司Filament公司生产了一种传感器设备，允许以秒为单位快速地部署一个由无线传感器作为节点的安全分布式全域无线网络，设备能直接与16公里内的其他设备通信，而且可以直接通过手机、平板电脑或者普通电脑来连接。区块链技术可以使Filament设备能独立处理付款业务，并允许智能合约确保交易的可信。

智能设备接入物联网的另一个前提条件是通过设备鉴权，确认设备身份，防止非法设备伪装接入。物联网可以运用区块链技

第 6 章　区块链打造万物互联的世界

术思想，采用非对称加密算法和智能合约，利用 P2P 网络中的网络设备节点对待接入设备进行鉴权。e 插头（ePlug）是肯码（Ken Code）的一款产品，是一个小型电路板，该产品以基于区块链的登录方式来确保安全，一旦输入正确的网络地址、URL 时，ePlug 所有者会看到一个登录界面，区块链平台（像 OneName.io 和 KeyBase.io）将会被用作登录到 ePlug 的身份验证。

　　智能设备安全联网之后，设备之间的协调工作很多时候需要"支付"动作。所有物联网设计都会有一个独一无二的令牌，并用来通过区块链技术接收支付。物付宝（Tilepay）为现有的物联网行业提供一种人到机器或者机器到机器的支付解决方案。Tilepay 是一个去中心化的支付系统，它基于比特币的区块链，且能被下载并安装到一台个人台式电脑、笔记本电脑、平板电脑或者手机上，Tilepay 还将建立一个物联网数据交易市场，使大家可以购买物联网中各种设备和传感器上的数据，并以 P2P 的方式保证数据和支付的安全传输。

　　物联网目前的运转状况是，很多物联网都是运营商、企业内部的自组织网络，标准不统一，在跨多个运营商、多个对等主体之间的协作时，建立信用的成本很高。另外，安全性也是一个有待解决的重要问题。

6.2 区块链为物联网"止痛"

市场研究公司 Gartner 预测到 2020 年物联网设备数量将达到 200 亿台以上。这可能还是一个相对保守的估计。实际进展可能要视一些阻碍物联网发展的重要问题的解决情况而定。

随着物联网设备数量的增长，以传统的中心化模式进行管理会存在安全隐患。物联网最大的安全顾虑是非法设备侵入和隐私信息泄密。不法分子可能会攻击物联网上的薄弱环节，比如家用联网电器，侵入物联网并盗取个人数据（图 6.2）。运营商也有可能出于商业利益的考虑，对用户的隐私数据进行分析或出售，这些行为损害了物联网设备使用者的基本权利，导致使用者不愿意主动让设备接入物联网。

区块链技术能够提升物联网的安全性。由于物联网感知设备有限的计算、存储能力，造成感知设备上难以应用复杂度较高、对

第 6 章 区块链打造万物互联的世界

节点性能要求较高的安全措施,被仿冒的风险较高。区块链的验证和共识机制有助于识别合法的物联网节点,避免非法或恶意的物联网节点或设备的接入。区块链的分布式、无中心化结构,以及对所有传输数据进行加密处理的方式,能够有效地解决隐私信息保护问题。利用区块链技术将集中式服务改为分布式服务,能够有效防范对关键核心网络基础设施的攻击。

图 6.2 物联网用户数据信息泄露

区块链技术与物联网的结合，收益并非是单向的。区块链上的节点和互联网节点一样，无法确保收集的数据是否真实准确，这会大大影响区块链技术的应用效果。而物联网的节点采用的是传感设备，可以提高数据的准确性，然后按区块加密存储，并向整个网络广播，因而从收集到使用环节都保护了物联网数据的完整性、可靠性、及时性和准确性。不论是生产企业、经销商、零售商，还是监管部门，均能对物联网各个节点的数据共享，有效地解决了数据可能在某一环节遭到篡改而造成整体数据失真的问题。

6.3　物联网上的区块链"胶水"

人们对物联网的最大期待可能是物理世界全面实现数字化，使得人类生活变得流动化、个性化和高效率。物联网可以实现有形资产的数字化，交易行为自动化，对网上限制机器能即时搜索，实现快速匹配、使用和支付，节约了资源，提高了协作能力和效率，降低了成本。

6.3.1 区块链物联网实现分布式能源利用

根据咨询公司 Indigo 的报告，区块链物联网在终端支付（加密数字币）、能源交易市场、技术支撑 + 行业组织、智能家居点对点交易、打造智慧城市等方面已形成良好生态格局（图 6.3）。

能源区块链应用案例已经有很多。例如，绿色能源创业公司 LO3 Energy 和以太坊开发初创企业 ConsenSys 合作，由 LO3 Energy 负责能源相关的控制，ConsenSys 提供区块链底层技术，在纽约布鲁克林区上线了一个点对点交易、自动化执行、无第三方中介的能源交易平台。其主要实现方式是，在每家住户门口安装智能电表，智能电表安装区块链软件，构成一个区块链网络。用户通过手机APP在自家智能电表区块链节点上发布相应智能合约，基于合约规则，通过西门子提供的电网设备控制相应的链路连接，实现能源交易和能源供给。芬兰的 Fortum 项目建立了能源局域网中各主体之间的智能合约模型，使响应主体能够依照设定的算法实现自动响应系统提出的补偿需求。

未来各种分布式能源和分布式电源会越来越多，虚拟电厂以及相关发电资源的交易会更加频繁，自适应、去中心化的能源调度将

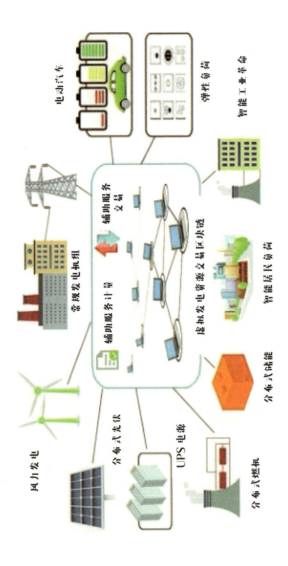

图 6.3 电力行业的区块链 + 物联网应用

成为主流。此外,区块链技术还可以用于低碳减排方面,为碳排放权的认证和碳排放的计量提供一个智能化的系统平台。在碳市场中,最重要的就是各个控排企业的碳排放数据、配额和核证自愿减排量(CCER)的数量、价格以及数据的真实性和透明性,这些都可以运用区块链技术来解决,通过这项技术,每吨碳及每笔交易信息都可追溯,避免篡改及信息不对称。同时,传统碳资产开发流程时间长,涉及控排企业、政府监管部门、碳资产交易所、第三方核查和认证机构等,平均开发时长超过 1 年,而且每个参与的节点都会有大量的文件传递,容易出现错误,影响后面结构的准确性。应用区块链技术将碳资产开发方法编译为智能合约,各个控排企业的碳排放资产额度可以进行自动计算,整个流程变得透明、公开、准确。

6.3.2 区块链物联网实现智能医疗

智能穿戴设备很容易接入物联网。例如,智能手环可以检测用户个人心率、睡眠状况等;智能手机可以用于记录运动数据。在区块链技术下,用户不需担心个人身体状况信息被篡改,用户个人身体状况信息被加密,且能保证信息的正确性。当用户的身体状况信息有了较大波动时，区块链能够保证信息的安全且能分享给医生，医生可以通过这些辅助信息对用户的身体状况做出准确的诊断，提高医治效果（图6.4）。如果用户的个人身体状况信息等能够用于全球科研机构的共同研究，将会给人类带来很大的便利。

图 6.4　区块链物联网的智能医疗

6.3.3　区块链物联网实现智能交通

物联网改善了交通运输网络，但仍存在许多问题。例如，通过电子传感技术获得的信息需要通过交通指挥中心共享给用户，

第 6 章 区块链打造万物互联的世界

从而在信息的传递上产生了延迟,用户无法实时得到数据信息;如果交通指挥中心的数据库被攻击,整个交通系统都会陷入瘫痪。而利用区块链的去中心化特点能够实现去中心化的交通网络,且能保障交通网络的安全。物联网将传感器技术、数据通信技术、人工智能等有效地应用在交通运输方面,再与区块链相结合,形成区块链开放式的分布网络。该网络无须交通中心的指挥调度,每辆车都能够直接接收交通信息、共享交通路况,甚至在自动定位和导航系统的帮助下实现自动驾驶。采用区块链技术也能利用网络追踪智能设备,实现车辆之间的通信(图6.5)。

图 6.5 区块链物联网的智能交通

6.3.4 区块链物联网溯源防伪

目前，不法商贩利用生产—供货—销售—消费各个环节中的漏洞和信息不对称，制造假冒伪劣商品，区块链技术结合物联网、防伪标签、物流跟踪等产品防伪溯源的手段，可以防范销售渠道中出现的各类假冒伪劣商品。区块链技术可以用于农产品、食品、药品等的溯源，通过在区块链上记录零售供应链上的全流程信息，实现对产品材料、原料及产品的起源和历史等信息的检索和追踪。

区块链物联网模块实现的功能是：供应商、制造商、运输商、零售商等供应链系统的各主体，根据自己的特性，选择二维码、射频识别（RFID）、近距离无线通信技术（NFC）中的一种扫描设备扫描产品后，系统将自动获取产品的信息，获取的产品信息包括产品名称、产品型号等；之后将产品信息与供应链各主体提交的相关数据，包括各主体的公司名称、公司地址、原材料来源、制造加工时间、制造加工地点、运输起始时间、到达时间、销售地点、上架时间等公开数据，及通过证书中心模块的公钥加密后的各主体公司法人、产品内部型号、内部生产数据、完税证明等隐私数据，通过智能合约模块提供的接口,上传保存到区块链模块中,作为整个供应链系统的数据源(图6.6)。真正实现产品"责任主体有备案、生产过程有记录、主体责任可追溯、产品流向可追踪、风险隐患可识别、危害程度可评估、监管信息可共享"的管理理想。

图 6.6 区块链物联网实现溯源防伪

虽然区块链技术在物联网中具有广阔的应用前景,但也应该看到区块链技术仍处于发展初期,在区块链向物联网扩展过程中,也应该关注其面临的挑战,即物联网节点设备的存储和计算能力普遍受限,联网能力也较弱。很多物联网应用对实时性要求较高,如车联网业务等。而现有的区块链共识机制普遍存在延时较长的问题(特别是随着节点规模扩大,延时可能进一步增加)。

▶ **延伸阅读**

设备民主——拯救物联网的未来(IBM报告)

区块链革命(唐·塔普斯科特等)

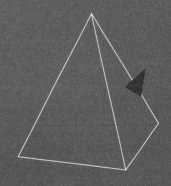

Chapter 7
第 7 章

区块链与大数据和云计算

> 今天,大数据技术正在静悄悄地改变世界上每一个企业的后端。
>
> ——特伦特·麦康纳基

大数据和云计算的商业化应用起步比区块链早，目前已经形成了一定的市场规模，但是也出现了诸如大数据"杀熟"、个人隐私信息被倒卖或泄露等现象。这些负面问题在互联网、移动通信快速发展的今天，对消费者的合法权益的威胁越来越大。应该说，如果没有良好的数据管理机制，人工智能、物联网等技术的发展也面临瓶颈。而区块链技术可以有效改变这一现状。

7.1 杜绝网络"杀熟"

我们生活在信息时代，在享受各种互联网服务之前，都必须先向一些服务商提交个人信息数据。随着互联网中各种数据的不断积累，我们的个人信息被暴露的风险也不断增加。大数据"杀熟"和某互联网首席执行官关于个人用隐私信息换取便利性的表态是近年来国内议论热点，随着网上、电信诈骗和电话广告推销越来越多，人们开始关注个人信息的保护。

这是一个普遍问题。2017年9月美国四大信用评估机构之一的Equifax的世界最顶尖防火墙被网络犯罪分子攻破，泄露了一亿四千三百万美国人的数据，基本上包括了美国的每一个成年人。泄露的信息包括姓名、社会保险号码、生日、地址，在某些情况下还包括驾照号码。更糟糕的是，约209 000名消费者的信用卡号码和182 000人的信用报告也被曝光。2018年3月17日，脸谱网个人信息大量泄露而被用于操纵选民投票的事件被曝光。超过5 000万用户信息数据，被一家名为"剑桥分析(Cambridge Analytica)"的公司泄露，用于在2016年美国总统大选中针对目标受众推送广告。

  随着大数据时代的来临，数据已经成为所有行业的核心价值。大多数机构采用的是数据集中存储，再利用防火墙进行保护。问题在于无论多么厚的盾牌总有被攻破的时候。据说全球500强企业的服务器50%以上受到过外来攻击。数据安全的形势很严峻，尤其涉及隐私的时候，让人感到不适。在一个中心化的数据存储模式中，一旦管理着广大用户数据的大公司服务器遭到黑客入侵，所有用户的资料都会面临泄露的风险（图7.1）。另外，数据存储工作还需要消耗大量的时间和人工成本，非常麻烦。

  利用区块链技术去中心化的特点，可以突破当下海量数据存储所面临的瓶颈。去中心化多节点分布式数据存储，可以大大提高安全性。用户不必担心数据泄露、丢失或被篡改。通过智能合约，还可以规定谁有权查看/调用数据，如果有人泄露了用户隐私也是可以追溯的，泄露者无法抵赖。

图 7.1 黑客觊觎用户数据信息

目前大数据还存在掺杂不实、不良信息的问题。将这些不实信息筛选出来，要耗费很多人力物力。而用区块链存储数据则不会出现这种情况。区块链上的数据具有真实、有序和可追溯的特性，省去了从大数据中抽取有用数据并进行分类整理的工作。所以区块链技术还可以降低企业对大数据处理的门槛，而且能够让企业提取更多有利数据。

7.2 数据价格的区块链标签

数据是有商业价值的。数据的商业价值应该如何实现和分配，已经逐渐引起消费者重视。大数据产业的发展依靠的是通过获取、管理和处理数据，使得大数据企业拥有高增长率、多样化、海量的信息资产，从而具备包括更强的决策力和流程优化能力在内的核心竞争优势。大数据显然是个富矿，像谷歌、脸谱网等大型互联网巨头，利用其无可争议的优势地位掌控了大部分用户流量和数据，通过进行商业化运作，获得了巨大经济收益。根据麦肯锡对交通、零售、消费金融等 7 个主要领域的估算，数据的流通开放每年带来的经济价值高达 4 万亿美元左右。但是这些收益却几乎没有让贡献数据的用户获得任何收益，有些地方甚至出现了滥用大数据、侵害用户权益的问题。

现在某些互联网服务企业已经习惯于在客户注册时要求授权取得客户个人信息。然后个别企业会利用用户提供的这些数据，把同样的商品或服务，以更高的价格出售给用户，实行价格歧视，这种"专宰熟客"的行为严重违背了商业伦理。再举一个例子，企业在收集用户大数据之后，对用户进行客户画像，推送相关广告，不仅广告费全部被相关公司赚取，而且让用户饱受商业广告侵扰之苦，这相当于把用户的东西抢走之后，再加价卖给用户（图7.2）。

互联网不断产生的海量个人数据，属于我们每个人。现在被互联网服务企业拿去进行流量变现、用户变现和数据变现了。本来这些企业对用户大数据进行分类检索，提取有价值的信息，进而为用户提供便捷性服务，这种行为应该是双赢的，在企业采集到了有效的数据的同时，也让用户体验到了更好的服务。但是，很多企业在收集这些数据时是用户被动接受的，而且并没有告知用户会用在哪里，也没有征求用户的同意，更没有将这些数据商业化的收益与用户分享。甚至有的企业还要向用户收取服务费。

第 7 章　区块链与大数据和云计算

这种完全不符合商业逻辑的侵犯客户权益的行为，可以通过区块链技术加以杜绝。

图 7.2　个别无良商家侵犯用户利益

区块链技术利用秘钥不仅可以限制其他人和机构的访问权限，用户完全不用担心自己的私人信息被偷偷收集，还可以溯源追查自己的隐私数据被使用在哪里,更不用担心自己的隐私被公之于众。区块链技术可以让隐私数据使用决定权掌控在用户自己手里,企业只有付费才能获取,这样用户就可以从中盈利了。因为区块链技术可以提供合适的数据交易安排,用户直接在区块链上进行数据交易,实现并获取数据的商业价值。就以上面的广告推送来说,用户通过区块链,可以决定自己的数据是否出售给相关广告商。并且如果用户同意分享自己的数据,也可以要求从那些广告收入中得到属于自己的一份。

  区块链技术提供的这些保障可以推动大数据进一步增长,将大数据作为数字资产进行流通,实现大数据在更加广泛的领域应用及变现,充分发挥大数据的经济价值。在区块链上,个人的旅游信息、订单信息无法篡改,商家无法抵赖顾客的网上订单并漫天要价。特别是对于老大难的平台删除用户真实评价、商家水军刷好评的问题也可以更好地解决,区块链技术将用户身份与信用绑定,一旦评价生成将无法被删除与篡改。此外,利用区块链技术可以实现点对点分配,去除了中介,没有了手续费,消费者可以降低支出,享受更多更好的服务。

第 7 章 区块链与大数据和云计算

7.3 区块链上"云"

大数据需要存储和处理,这就要用到云计算。云计算现在已经是一个成熟的技术和应用了。美国国家标准与技术研究院(NIST)给出的云计算的定义是:云计算是一种按使用量付费的模式,这种模式提供可用的、便捷的、按需的网络访问,进入可配置的计算资源共享池(资源包括网络、服务器、存储、应用软件、服务),这些资源能够被快速提供,只需投入很少的管理工作,或与服务供应商进行很少的交互。根据 NIST 的权威定义,云计算有基础设施即服务(Infrastructure-as-a-Service,IaaS)、平台即服务(Platform-as-a-Service,PaaS)和软件即服务(Software-as-a-Service,SaaS)三大服务模式。

云计算和区块链技术出现了两个截然相反的方向:一个是更紧密的结合;另一个是分道扬镳。

区块链与云计算可以紧密结合,在 IaaS、PaaS、SaaS 的基础上创造出了 BaaS(区块链即服务),即把区块链作为一种服务形式,建一个基础设施,分给不同的区块链应用。由于在整个云"网络"

中建立了多个数据库，区块链的分散性将提供更多的自主操作和更高级别的数据安全性。BaaS可以作为一个公共信任基础设施，将区块链技术框架嵌入云计算平台。

目前各类云计算服务商都在设计面向区块链应用的云服务，例如腾讯、华为等。微软2015年11月宣布在Azure云平台中提供BaaS服务，并于2016年8月正式对外开放。开发者可以在平台以最简便、高效的方式创建区块链环境。IBM在2016年2月宣布推出区块链服务平台，使用IBM在Bluemix上可用的新的区块链服务，开发人员就可以访问完全集成的开发运维工具，用于在IBM云上创建、部署、运行和监控区块链应用程序。

然而，另一个相反的做法是：一批创业公司正试图利用区块链衍生技术开发软件，充分利用现有的消费者冗余计算容量，彻底取代远程服务器。某些区块链技术目前已经发展到将第三方从其他数字流程（包括基于云的存储和应用）中移除，这对现有的云计算行业具有破坏作用（图7.3）。

区块链技术可通过在分布式网络中存储的信息进行数据验证，而不需再通过在服务器上存储信息的软件进行。这些创业公司的应

第 7 章 区块链与大数据和云计算

用绕过了繁琐的区块公开验证过程,也不依赖于资产和能源密集型的数字币挖矿过程。每家公司都在构建自己的计算基础架构愿景,使消费者和企业能够在没有第三方服务器的情况下运行所有应用程序,包括使用数据库功能以及其他计算应用。作为云计算的替代方案,它能够更有效地利用冗余的计算容量,保证敏感数据的安全,并通过"自托管"来实现计算能力的去中心化。

图 7.3 区块链技术脱离云计算的应用

NFF智云链是上述应用的一个例子。它利用区块链及云计算技术,将数据以化整为零的方式存储在海量的区块中。这是一个新的资源再利用体系——统一调度空闲算力。家家户户基本都有家庭计算机,而这些计算机在大部分时候都是闲置的。这些闲置算力大得惊人。以比特币挖矿为例,全球投入比特币挖矿的算力已经超过中国最强的"天河二号"超级计算机百倍千倍。如果能够将这些算力统一调度集中利用,将能够创造出远高于比特币的市场价值。通过云计算技术,可以将每台家庭计算机的闲置算力集中起来统一调度,提供给需要大规模算力的机构及企业。

但这类技术还处于尝试阶段,要让网络中的每个人都可以获得补偿,这在加密数字币诞生之前是不可能实现的。如果未来能够实现,不啻为一个值得考虑的备选技术路线。如果无服务器计算能够实现将敏感数据保存在其所有者手中而不是存储在第三方基础架构内的承诺,并且运行速度比云更快,诸如爱彼迎(Airbnb)和优步(Uber)等"共享经济"模式的中间人就会消失。到目前为止,基于区块链的网络还没有快于集中式服务器。

延伸阅读

云计算与分布式系统：从并行处理到物联网（Kai Hwang）

区块链与大数据：打造智能经济（周沙等）

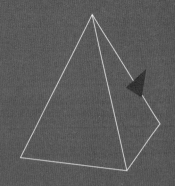

Chapter 8
第 8 章
加上人工智能飞翅的区块链

区块链和人工智能的结合给我们带来一个创新的领域,我们必须要找到一个结合点,让它们造福人类。

——阿维拉姆·马利克

人工智能（AI）是2016～2017年最火的主题词，阿尔法狗、考试机器人等人工智能产品在与人类精英的角斗中胜出，一时引起轩然大波。人工智能会取代人的工作吗？人工智能是否会与人类为敌？人类该如何与人工智能和平共处？这是社会普遍担忧的问题。

人工智能是计算机科学的一个分支，它通过探索人类智能的实质，生产出一种新的能以与人类智能相似的方式做出反应的智能机器。人工智能从诞生以来，理论和技术日益成熟，应用领域也不断扩大。人工智能能像人那样思考，在某种程度上讲也可能超过人的智能。如今人工智能大量应用于机器视觉、指纹识别、人脸识别、视网膜识别、虹膜识别、掌纹识别、专家系统、自动规划、智能搜索、定理证明、博弈、自动程序设计、智能控制、机器人学、语言和图像理解、遗传编程等。人工智能已经在很多场合能够替代人的工作，但其在发展过程中也遇到了一些自身难以克服的困难。

人工智能和区块链是加速创新步伐的两大重要技术：一个是用封闭的数据平台培养中心化的智能；另一个是在开放数据平台中推动去中心化应用。两者结合起来使用，可以重构各个行业。

第 8 章 加上人工智能飞翅的区块链

8.1 提高区块链"智商"

人工智能的发展分别在 20 世纪 70 年代和 90 年代经历了两个黄金时期，2000 年以来，随着深度学习算法的不断突破，人工智能迎来第三波浪潮。2016 年阿尔法狗（AlphaGo）战胜了人类顶尖围棋手（图 8.1），这一事件在人工智能历史发展过程中意义深远。因为其复杂性和无穷可能性，围棋的棋艺代表人类智慧的结晶。人类引以为豪的围棋终究还是被人工智能攻破了，这引发了全社会高度的关注。人工智能几乎无所不能，它不仅能完成智能投资顾问、新闻编辑、同声传译等复杂工作，而且具有人工智能的机器人还能替代人在危险有害的环境里工作。

相比之下，区块链技术的发展还远不够成熟。第一代区块链技术虽然创造了一个分布式的金融体系，但只能做简单的转账、支付。第二代区块链技术通过扩展脚本、虚拟机等方式拓展区块链的功能，如编写智能合约、开发 DApp 去中心化应用等。但是因为在链上运行，其运算能力、存储能力和网络能力还比较弱，更不具备人工智能的语义理解、机器学习和多层神经网络等能力。从这个意义上讲，区块链领域的人工智能化是一个技术提升路径。

图 8.1 阿尔法狗与人类顶尖围棋手对弈

有一家创业企业研发的智能矩阵就是为了解决这个问题。为了提高智能合约中的"智能"水平，团队在以太坊上开发了一个去中心化应用（DApp），这个 DApp 由一系列智能合约组成，包括主调用合约、代理合约、治理合约、token 合约、用户信息管理合约等。这样就可以通过调用这个 AI 服务，由 AI 给智能合约赋能，帮助智能合约实现 DApp 中的人工智能治理功能。

另一个给区块链赋能的做法是用人工智能方法帮助人们编写和

第 8 章 加上人工智能飞翅的区块链

完善智能合约。目前只有少数熟悉区块链的程序员知道如何编写区块链上的智能合约程序，普通人首先没有编写程序的能力，即使写出程序，也难以保证其中没有漏洞或者足够安全。有创业团队设计了一种工具，使用人工智能技术，让脚本可以自动形成智能合约代码，还可以分析代码漏洞，在已运转的代码中，利用深度神经网络中的对抗网络技术，同时进行攻击与修复，使之逐渐变成安全的合约。这种方式被称为智慧合约（Intelligent Contract）。通过智慧合约，普通用户也可以在不学习编程的情况下，构建适合自己的智能合约。

除了提高区块链的智能水平之外，人工智能还能优化区块链。比如，对于比特币区块链来说，人工智能可以用于以下方面。

（1）降低电耗　比特币挖矿是一项极其困难的任务，需要大量的电力（以及金钱）才能完成。而 AI 已经被证明是优化电力消耗的有效手段，所以笔者认为类似结果也可以在区块链方面实现。这也许会导致挖矿硬件方面的投资下降。

（2）拓展空间　比特币区块链正在稳步地以每 10 分钟 1MB 的节奏在发展，目前累计已达 85GB。人工智能可以通过引入新的去中心化学习系统，或者引入新的数据分片技术来让系统更加高效,取代中本聪 2008 年提出的把"区块链修剪"(比如说删除有关已完全消费交易的不必要的数据)的解决方案。

(3)提高安全　即便区块链几乎不可能被攻击,但区块链更深的层和应用就没那么安全了(比如比特币、莱特币等的交易平台DAO、Mt Gox、Bitfinex 等)。可以借用人工智能技术来保障区块链的应用更安全运行。

(4)保护隐私　人工智能的同态加密(直接对加密数据进行操作),如 Enigma 项目或者 Zerocash 项目,都可以提高个人数据的隐私保护。

(5)降低成本　德勤(2016 年)估计区块链验证和共享交易的总运行成本大概是每年 6 亿美元,一个智能系统可以实时计算出特定节点成功上链的可能性,让其他矿工可以选择放弃针对该特定交易的努力,从而削减总成本。

(6)提高硬件使用效率　矿工在专门硬件组件上投入了大量资金,而且电力消耗也非常大,因此如何高效利用这些硬件,一直都是关键问题。通过人工智能改进挖矿算法,其中一部分硬件可能就会转作其他用途。

区块链技术可以让每个人存储和出售属于自己所有的数据,并促进数据市场的形成。当我们所有的数据都放在区块链等待交易,有买家直接向我们购买时,就会需要人工智能的帮助,人工智能可以帮助区块链提高数据交易的效率。进行访问授权、跟踪数据使用、快速弄清楚信息发生了什么事情等都可以通过人工智能的帮助完成。

区块链可以帮助 AI,可以提高模型的可信度,也为追溯机器决策过程提供了一条清晰的途径。区块链提供的大量安全数据共享,意味着人工智能模型可以获得更多的训练数据,这样才会有更好的模型、更好的结果以及更好的新数据。这是一个区块链与人工智能良性互动的循环。

8.2 人工智能的"经济引擎"

人工智能已经能够做很多事情了,但是还有很大潜力可以挖掘。人工智能的发展,已经从技术驱动过渡到数据驱动,大数据是人工智能所必备的资源。而区块链去中心化、不可篡改特性可以促进不同主体在资源层面展开协作,以去中心化模式帮助人工智能行业提高生产效率。

人工智能需要在一个开放式的经济生态环境中，才能更好地发挥作用。2016 年，全球共产生了 17529186044416GB 数据。但是由于数据中心化，只有少数大公司才能对这些数据进行收集、整理和分析，在海量数据中，仅有 1% 得到了合理利用并投入人工智能模型训练。这主要是因为少部分拥有大数据的企业垄断了数据。AI 技术虽然先进，但其发展模式类似于自给自足的小农经济，行业效率非常低下。AI 的发展需要开放共享，特别是数据和算法共享。我们在前面讲过，区块链技术可以帮助这些数据回到原主人手中，并通过数据交易市场，让人工智能企业有偿使用。但是只有市场机制还不够，因为从数据中获得的价值可能远远超过了分享而获得的收益。同时，在共享的时候，也要保证数据和算法的安全。

区块链解决这些问题的方式是首先让数据分散而不是集中在中心化的节点上，这既能打破数据垄断，也解决了标准化问题，用户购买之后就可以直接使用。而且由于区块链本身可以对数据做登记、加密，数据、代码不会泄露，使用情况都有跟踪，而且记录无法篡改。因此，人们相信区块链可以提供充分的信息安全和隐私保护，

第 8 章　加上人工智能飞翅的区块链

通过区块链分享数据可以带来收益,从而愿意上传和分享数据,区块链就得到了海量数据。这样一来,区块链就可以把人工智能行业整合起来,使原来互不协作的、封闭的、孤军奋战的、非共享化的、非市场化的行业,未来可以变得市场化、共享、协作,解决了人工智能的发展瓶颈问题。

我们可以看到一些企业正在尝试用区块链技术建立更加开放的人工智能平台。在猎豹移动的 AI 音箱项目中,用户以音箱作为去中心化的"节点"参与产品的质量改善、AI 能力的进化,从而获得 AI 积分的回报。只要用户保持音箱在线、有效的人机交互、参与帮助 AI 进化的"数据标注"任务、共享个性化 AI 资源(如经过认证的自定义人机应答)等,就会得到奖励,用户对音乐、有声读物的消费行为,也可以获得 AI 积分作为回报。然后,通过区块链的去中心化、不可抵赖、公开透明的特性,使得用户的权益永久、安全地存储在区块链账簿上,实现对用户权益的有效保障;通过 PoC(贡献证明)算法机制,可以公平地判定用户对生态的价值贡献。用户获得的 AI 积分不仅可在猎豹联盟伙伴之间享受多元化的兑换回馈,还可实际兑换等价的数字服务,包括版权内容服务、数字娱乐产品、智能设备和其他增值服务。这样一来，普通用户就能深度参与到 AI 体系的建设，有效解决 AI 自我进化效率低、优化成本高的问题，加速 AI 领域的发展。现阶段 AI 的演进都依赖海量数据培训和学习，耗时耗力，成本巨大，猎豹移动的这种人人参与 AI 进化的方式，或许会带来颠覆性改变，产业价值有望超过 10 亿美元。

还有一个案例是一家主打"AI + 区块链"概念的初创公司 SingularityNET，在以太坊区块链上建立了一个分布式 AI 平台，每个区块链节点都是 AI 算法的备份，AI 研究人员和开发者可以将自己的 AI 产品分发给 SingularityNET 的用户，用户则通过专用的虚拟货币为服务付费。例如图像识别、机器翻译等算法，通过区块链连接起来，便于不同的 AI 程序相互通信与协作。如果机器翻译应用在翻译文档的时候遇到了一张图片，它可以自动请求计算机视觉程序来识别它。SingularityNET 为用户主要提供三方面的服务：为交易提供了一个 API（应用程序编程接口）和一套智能合约，一个以代币为基础的经济体系，以及为调整经济参数而构建的治理机制。此外，SingularityNET 还将为用户建立信用评级体系，其经营

第 8 章 加上人工智能飞翅的区块链

模式有点类似 AI 行业的淘宝。

8.1 节提到的智能矩阵，其发展策略是第一步先解决以太坊使用人工智能的问题，下一步是建立一个独立的公链平台。其共识机制分为链内和链外。链内普通节点可以完全自由接入，但共识节点会采用股份授权证明机制（DPoS），通过董事会机制选取一定数量的股东代理人来决定网络的走向，代币越多，投票权越大。在链外则采用 AI 贡献证明（Proof of AI Contribution）的共识机制，它指的是按照 AI 贡献度（或 AI 工作量）证明来共识，贡献度（或工作量）证明越高，说明 AI 贡献出来的价值越大，那么收益也越高，并且这个收益可以用来买别人的 AI 贡献（工作）。这意味着参与各方可以各取所长，术业有专攻，并且这也是一个纳新动力非常足的体系。这个生态是开源的，公链开发出来以后，未来可以实现共识算法模块、合约模块可插拔，兼容 EOS❶，并支持同态加密等功

---

❶ EOS: 可以理解为 Enterprise Operation System，即为商用分布式应用设计的一款区块链操作系统。EOS 是一种新的区块链架构，旨在实现分布式应用的性能扩展。它并不是像比特币和以太坊那样的货币，而是基于特定软件项目之上发布的代币，被称为区块链 3.0。

能，以满足对接不同链的需求。不管其他人是在联盟链、公链还是什么别的链，都可以连入。

我们可以看到以区块链技术组织的这种AI合作平台是可行的，支持各行业的 AI 创新，如果能够邀请大公司的 AI 研发部门和小的 AI 需求方加入，通过平台协作，可以低成本获得 AI 产品。这个公链可以 ICO，建立繁荣的大生态。作为开源社区，可对参与方收取一定的交易费，结算机制使用代币，使用的人越多，代币价值越高。

8.3 未来方程式

这是本书探讨区块链技术应用的最后一节，相信大家在读前面内容时，大脑中可能会产生一个疑问，物联网、大数据、云计算、人工智能显然各自都可以和区块链技术结合而获得发展，那么如果把它们全部放在一起又会怎样呢？笔者的答案是：聚变！一场社会结构的变革，至少会彻底改变人类的经济活动。在可以预见的未来，我们将进入真正的数字经济时代。

我们看看下面这个公式：

第 8 章 加上人工智能飞翅的区块链

可见的未来 =（人工智能 + 物联网 + 大数据）× 区块链

括号里三个技术的核心是数据（数据深度学习、海量实时数据收集传输、数据挖掘），而区块链为数据提供了安全保护、信任机制和交易手段，使得前三个技术所要求的数据能够在商业化的环境下安全得到利用。这个公式的右边实际上就是技术与市场的乘积。区块链作为整合者和结构化的工具，对人类的经济活动和整个技术范式进行重新设计。同时，区块链也是一个价值放大器和倍增器。

我们把人工智能列在第一项，因为其本质是一种"能力"，一种能让智能机器（包括计算机）学习和模拟人类的思维的能力。不论是软件还是硬件，人工智能都将替代相当大量的劳动力，换言之，人工智能就是生产要素之一，而且会逐渐变成非常重要的生产要素。有人甚至提出"AI 掌握人类的资源是大趋势，无论是我们拱手相让，还是 AI 强取豪夺。AI 超越人类的那一天可能比很多人想象得更早（Trent McConaghy）"。在处理数字化资产（也可以视为各种数据）方面，人工智能显然优于人类劳动力，对于提高人类社会的生产力将会做出越来越大的贡献。

再深入一层看，决定人工智能能力的要素主要是数据、算法和算力。回顾几十年的AI发展史，AI技术之所以在最近几年的发展速度最快，数据量是关键。AI需要通过大量数据进行深度学习，拥有足够的数据来训练AI模型一直是一个永无止境的挑战。物联网将提供大量实时数据，和大数据一起，充当AI的"食料"。AI能根据大量的历史资料和实时观察，检验模型的准确性。传统上，只有拥有大量用户的公司才能获取大型数据集。去中心化的区块链技术非常适合将更多的数据集放到人工智能社区中。这意味着区块链物联网上的设备将为人工智能训练的数据收集发挥巨大的作用。

但在机器学习的过程中，最需要的是少数人拥有的数据。物联网收集的数据虽然海量，但是从比例上看，只有一少部分能够显著提高机器学习效果。如果要将机器学习的精准率从90%提高到99%，需要的是和以前不一样的数据。这些数据来自一些个人或机构，区块链技术推动了这些个人和机构以商业化方式分享这些宝贵数据资源，而且通过在区块链上运行人工智能算法，可以更有效地使用这些分散的数据。

最后一个问题是如何利用世界上闲置的数据和计算资源。在区块链上的各种数据中，有一部分是数据所有者需要的，然而有相

第 8 章 加上人工智能飞翅的区块链

当一部分是数据所有者并不需要的,或者短时间内没有规划要使用的数据。数据所有者可以将这部分数据脱敏后出售给人工智能研究者使用。这样一方面可以解决数据的浪费问题,另一方面带来的收入可以补偿其数据搭建过程中的成本,甚至产生可观的利润。区块链上的剩余算力也可以出租,用于运行计算密集型的 AI 训练。区块链技术可以让数据和计算资源市场变得更加公平(图 8.2)。

图 8.2 未来区块链技术可使闲置的数据和计算资源变废为宝

在数据领域，AI可以与区块链技术结合，一方面是从应用层入手，两者各司其职，AI负责自动化的业务处理和智能化的决策，区块链负责在数据层提供可信数据，以及协调和充分利用算力；另一方面是数据层，两者可以互相渗透。区块链中的智能合约实际上也是一段实现某种算法的代码，既然是算法，那么AI就能够植入其中，使区块链智能合约更加智能。同时，将AI引擎训练模型结果和运行模型存放在区块链上，就能够确保模型不被篡改，降低了AI应用遭受攻击的风险。

人们关注AI的另一个重点是安全性。有实例表明，黑客很容易入侵某知名电动汽车的辅助驾驶系统。人工智能系统的数据安全性已然成为生死攸关的问题。这种不需要人为干涉的系统一旦被恶意分子入侵，其结果很可能是伴随着大量伤亡的灾难。这样的领域实际包含在物联网中，类似的例子还有智能家居、智能医疗设备、智能交通、智能城市等。

当AI和区块链被放在一起时，这就提供了一个双层保护网来抵御网络攻击。机器学习算法能够被培养用于自动化实时威胁检测并不断了解攻击者的行为，从而加厚恶意软件检测装甲。同时，

第 8 章 加上人工智能飞翅的区块链

去中心化区块链技术消除了中心化数据库的固有漏洞，致使网络攻击者要想成功突破就必须同时针对多个入口点，而不是一个。区块链和 AI 结合起来，很容易确定攻击者可能已经对哪些数据动了手脚或进行了修改，确定漏洞是什么时候出现的，并及时补救，将损失降到最低。

▶ 延伸阅读

人工智能革命：超级智能时代的人类命运（卡勒姆·奇思）

认知计算与人工智能（IBM 商业价值报告）

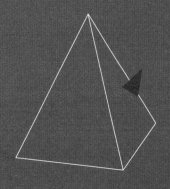

Further Readings

参考阅读

● 参考阅读 1 ●
区块链商业应用场景

区块链 + 农业

一、行业痛点

农产品供求两端信息不对称；食品安全饱受诟病。

二、基于区块链的解决思路

（1）在农产品上加一个二维码，通过扫码便可得知产品品种、生产以及运输全流程，为产品追本溯源。

（2）区块链不可篡改的特性使得数据一旦上链便无法更改。

（3）区块链本身用于解决多方参与的信任问题。

三、应用案例

（1）AZ 推出了区块链"步步鸡"，消费者扫描二维码后，就能看到这只鸡的产地、什么时候入栏、什么时候出栏、走了多少步、活动轨迹等。

(2)上市公司北大荒近期也宣布,"第一批区块链认证大米"已在京东销售。

(3)零售巨头阿里巴巴、京东、沃尔玛,也纷纷宣布将把区块链技术嫁接到食品安全领域。

四、现阶段困境

1. 成本高昂

区块链技术只是在做数据存储、加密、路由、转发的过程应用,但数据采集所需要的人力、物联网设备等均需要高额成本。

2. 用户升级具有滞后性

区块链技术落地依赖于用户的理解和配合,如果用户没能意识到区块链能帮他带来农产品附加值的提升,便很难接受。

3. 场景选择无标准

解决食品安全问题需要考虑不同"场景",居民会关注附近菜市场的食品安全,上班族关注外卖安全,学生会注重食堂食品安全,如何挑选场景进行投放还未建立适当标准。

4. 假货问题仍无法根除

目前,大型连锁超市借助区块链溯源技术,本质目的不是为了"食品安全",而是为了管理货物。所以通常选择的区块链记账节点为由大的生产机构和供应商组成的利益共同体,存在联合数据造假的可能。区块链能保证上传的数据绝对不会被篡改,但不能从源头保证上传的数据是真实的。

5. 无法解决"狸猫换太子"伎俩

一瓶名牌酒,扫码后区块链上显示是真实品牌,但你无法证明瓶子里的酒是否被换过。

五、未来发展趋势

(1) 区块链不能解决农产品流通、食品安全的问题,只能是"改善"和"升级"。

(2) "区块链+农业"的体系,既需要保障数据的真实性,也要保障产品的销售——既做溯源,又做电商。

区块链 + 金融服务

一、应用场景1：支付领域

（一）行业痛点

金融机构间对账、清算、结算的成本较高导致了用户端和金融机构中后台业务端等产生的支付业务费用高昂，也使得小额支付业务难以开展。

（二）基于区块链的解决思路

（1）区块链技术的应用有助于降低金融机构间的对账成本及争议解决的成本，从而显著提高支付业务的处理速度及效率。

（2）区块链技术为支付领域所带来的成本和效率优势使得金融机构能够处理以往因成本因素而被视为不现实的小额跨境支付，有助于普惠金融的实现。

（三）应用案例：Link

Link 数字资产交易平台于 2016 年推出了从跨境支付服务切入的新一代全球金融网络，该服务基于分布式账本技术，联通网络中各个汇款和收款账户，让汇款公司和收款公司直接进行支付、结算，省掉了所有中间环节费用，整个网络只在中间汇率基础上收取不超过 0.5% 的费用，极大地节省了中小企业在小额跨境汇款中的成本。

该平台中的每个账户都能够实现交易信息的一致同步，借记和贷记同时完成，达成最理想交易状态——交易及结算，10 分钟之内完成包括支付、汇率换算、结算在内的所有汇款过程，相较于传统跨境汇款流程中平均等待三四个工作日可以说是飞跃式的发展。

二、应用场景 2：资产数字化

（一）行业痛点

资产证券化领域交易生命周期耗时较长，增加了金融机构中后台的业务成本。

（二）基于区块链的解决思路

（1）各类资产如股权、债券、票据、收益凭证、仓单等均可被整合进区块链中，成为链上数字资产，使得资产所有者无须通过各种中介机构就能直接发起交易。

（2）上述功能可以借助于行业基础设施类机构实现，让其扮演托管者的角色,确保资产的真实性与合规性,并在托管库和分布式账本之间搭建一座桥梁,让分布式账本平台能够安全地访问托管库中的可信任资产。

(三)应用案例:Chain

1. 发行

实物资产通过物联网技术、人工智能、大数据等,将数据录入并分布式存储于 Chain。

每个资产在 Chain 上通过智能合约形成自己的链,并生成对应的数字资产。

2. 流通

在数字商城,数字资产持有者可以获得资产的全程溯源信息,包括历史数据与实时数据。在去中心化交易所,数字资产可自由交易流通。

3. 结算

在数字资产银行,可以实现数字资产的结算、存贷等业务。

4. 社区

在 Chain 可以获得有价值个性化的专业区块链行业信息数据及

畅享数字资产交易实时资讯的全球开放式公共社区。

5. 开发应用者平台

Chain 还是一个面向开发者的 Chain 底链技术研发、落地应用开发、智能合约研发的开源平台。

三、应用场景3：智能证券

（一）行业痛点

金融资产交易信用风险高，保密性差。

（二）基于区块链的解决思路

（1）金融资产的交易是相关各方之间基于一定规则达成的合约，区块链能用代码充分地表达这些业务逻辑，进而实现合约的自动执行。

（2）保证相关合约只在交易对手方之间可见，而对无关第三方保密。基于区块链的智能证券能通过相应机制确保其运行符合特定的法律和监管框架。

（三）应用案例：Symbiont

Symbiont 起源于 Counterparty(合约币)项目，它正在建立一个匿名的、拥有更加安全代码库的智能合约系统。这个系统不需要打破并重建金融网络体系,能够最大限度地保证电子货币的流通性。目前,数字安全巨头金雅拓已与Symbiont达成合作协议,以便可以让金融机构更安全地在以区块链为基础的平台上执行交易和智能合约。

四、应用场景4:清算和结算

(一)以美股现金交易市场为例

1. 行业痛点

(1)不同金融机构间的基础设施架构、业务流程各不相同,人工处理的环节增加了业务成本且易出错。

(2)一笔交易,多个版本。当多方涉及单笔交易时,这笔交易会有多个版本被各方使用的多个不同的系统记录。

(3)结算流程过长。虽然美国股票交易不到1秒钟即可,其结算流程却要花上3天时间,这极大限制了资本和流动性。

(4)账户信息/指令不断变动。账户信息和结算指令变化会导致信息陈旧化。

（5）面临运营风险。在涉及交易结算时，机构会面临额外的运营风险，而这种风险却可以被基于区块链技术的预交易检查杜绝。

2. 基于区块链的解决思路

（1）减少/消除交易错误。应用区块链技术，记录就需要全网所有节点的验证和确认，这将消除人工干预的需求。

（2）应用区块链技术，能以准实时的方式，在无须可信的第三方参与的情况下实现价值转移。在此过程中，交易各方均可获得良好的隐私保护。

（3）缩短交易时间。通过基于区块链技术的法定数字货币或者是某种"结算工具"的创设与链上数字资产对接，即可完成点对点的实时清算。

（二）以杠杆贷款为例

1. 行业痛点

（1）杠杆贷款结算流程成本高昂且复杂，用户对交易的经济细节存在异议时无法得到迅速反馈。

（2）买卖方匹配。银行需要降低风险，如果没有确定好买方，他们会试图避免向卖方举债，所以银行每天都在试图匹配买卖订单。这将不约而同地降低市场流动性。

（3）更高的监管要求（知晓客户、反洗钱和海外账户纳税法案）。金融机构进行交易时的各种监管要求自金融危机后就不断提高。

（4）缺乏电子化结算平台。经纪人之间并没有一个互联的中央电子结算平台可以与他们的内部系统相连。

（5）风险自留规则影响了货款发行量。

2. 基于区块链的解决思路

（1）交易开始。基于区块链技术的平台可以扮演中央电子结算平台 ESP 的角色连接所有的经纪人，同时应用该平台可以保证信贷协议在可用之后立即呈递。

（2）交易确认。应用私有区块链，使得客户在交易之前早已经就知晓客户和反洗钱合规性问题得到了预授权。

（3）转让协议签署和核准完成交易。区块链可以省掉核准完成交易的步骤，因为一旦协议得到签署，买方准备好完成交易，买方的用户数据中心（SDC）验讫会自动进行，与卖方情况无关。

（4）代理人核准与签字。区块链可以通过自动化合规性审查来达到缩短时间的目的。

（5）交易后对账。区块链对于交易后对账尤其有用。交易后流程的基础性作用在于向各方分发和复制交易信息、证明资产权益得到转移。这个流程可以通过区块链的全网数据同步而得到极大的加快。

五、应用场景5：客户识别（反洗钱和KYC[1]合规性）

1. 行业痛点

（1）反洗钱活动的开展需要耗费大量人力。绝大部分的反洗钱预算是安排给合规性人力资源的，他们负责人工审核可疑的交易并审核新客户。

（2）银行之间缺乏数据"共享性"，导致在审核客户方面重复劳动。

（3）缺乏账户汇编，导致交易监控中出现大量误报。

---

[1] KYC规则是指了解客户（know-your-customer，KYC）规则。金融机构如不能清晰识别客户身份，便更不愿贷款给客户，阻碍金融普惠，KYC规则是国际社会努力实现金融诚信和金融惠普不可或缺的。

2. 基于区块链的解决思路

（1）账户细节安全汇编可以为交易监控带来更高的透明度和效率。对涉及每笔交易的账户信息完整度（收寄款人细节、法律实体信息等）相关的规则进行汇编，区块链可以改善交易透明度，减少误报率。

（2）记录目前和过去交易的分布式账本将简化记录和审计流程。

（3）区块链技术可实现数字化身份信息的安全、可靠管理，在保证客户隐私的前提下提升客户识别的效率并降低成本，机构间共享的、安全的客户信息分布式数据库可以减少客户审核方面的重复劳动。原则上和某个客户有长期关系的金融机构可以帮助"证书化"该客户，向其他机构提供客户关联的支持证据。

SWIFT（环球同业银行金融电讯协会）已经正式选择了超级账本（hyperledger）的 Fabric 代码库，用于其最杰出的区块链项目。这一举措旨在简化为促进国际交易而创建的账户银行，参与者包括了法国巴黎银行、纽约梅隆银行和富国银行以及另外三家全球化的金融机构。

作为由 Linux 基金会领导的超级账本项目的创始成员之一，SWIFT 已经决定将该技术用于测试，包括制定用户访问数据和其他功能的权限。

SWIFT 的全球支付创新（GPI）计划负责人 Wim Raymaekers 认为，如果区块链的概念证明（PoC）取得成功，可以节省跨境支付多达 30% 对账成本。在实施阶段，还另外有 20 个机构将加入其中。

为了测试分布式账本是否可以最大限度地减少对代理银行的依赖，SWIFT 将区块链往来账户这个测试分成了两部分。

第一部分是技术本身。Swift 的 Fabric 概念证明正在逐步建成，它利用了银行信息平台现有的 GPI 资源。GPI 的工具包中使用了许多传统技术，SWIFT 已经提高了该服务的速度和透明度，目前测试区块链技术是否可以更进一步。

第二部分是概念证明将以商业为中心。在区块链的基础之上，SWIFT 的开发人员将计划构建和运行一个可以帮助自动化转账过程的智能合同。

六、应用场景 6：产权保险

产权保险主要是为了在房地产交易中（居住或商用）防止产权缺陷造成损失，保护房地产产权人和／或抵押贷款借款人的金融利益。

1. 行业痛点

查询产权耗费大量人力且成本高昂。房地产登记体系结构是一条"产权链"，产权转移的历史交易记录是由人工写入一份流水账本并存入本地司法系统。现有体系存在诸多诟病，直接增强了产权保险的需求力度并提升了大量产权检索成本。

2. 基于区块链的解决思路

（1）区块链可以消除现有土地登记体系的风险。如果产权记录在区块链上存储，那么构成明晰产权的相关信息会得到各方信任并可被随时提供，转移产权会变得更加安全和高效。

（2）共识验证的产权记录可以避免纸质错误。区块链可以直接淘汰纸质产权记录，全网是基于共识机制的，因此不会对账本的完整性存有异议。

（3）房地产交易共享数据库可以让房地产产权检索更加透明、更加高效。通过聚合本地公共记录，形成公开可访问的形式，区块链会令产权保险人不再需要耗时费力地建立和维护记录公共房地产产权的电子产权书库。

3. 应用案例：Ubitquity LLC

Ubitquity LLC 是一家在多佛（Dover）的房地产区块链公司，已经研发了为文件安全存储和产权保险行业与美国县行政一体化的原型平台。此系统用 Colu 的彩色币来管理比特币区块链数字资产。

Wosnack 选择 Colu 是因为彩色币协议可以运用到其他区块链如以太坊（Ethereum）。他说，比特币区块链是现存最可靠安全的区块链。Colu 的彩色币应用程序编程接口（API）非常完整，并且具有许多 Ubitquity 需要的功能，包括智能合同、智能资产和多重签名。这项协议可以通过使用 torrents[1] 集中大量的元数据和附加档案。

---

[1] 简单可理解为".torrent"文件就是被下载文件的"索引"。

区块链 + 供应链管理

供应链是一个由物流、信息流、资金流所共同组成的,并将行业内的供应商、制造商、分销商、零售商、用户串联在一起的复杂结构。而区块链技术作为一种大规模的协作工具,天然地适合应用于供应链管理。

一、应用场景1: 物流

1. 行业痛点

信息不透明导致链条上的各参与主体难以准确了解相关状况及存在的问题,从而影响供应链的效率;当供应链各主体间出现纠纷时,举证和追责均耗时费力。

2. 基于区块链的解决思路

(1) 利用数字签名和公私钥加解密机制,快递交接需要双方私钥签名,每个快递员或快递点都有自己的私钥,是否签收或交付只需要查一下区块链即可。最终用户没有收到快递就不会有签收记录,快递员无法伪造签名,因此可减少投诉,防止货物的冒领误领。

（2）真正的收件人并不需要在快递单上直观展示实名制信息，安全隐私有保障使得更多人愿意接受实名制，从而促进国家物流实名制的落实。

（3）利用区块链技术，通过智能合约能够简化物流程序并大幅提升物流的效率。

3. 应用案例：新加坡友及

友及成立于 2015 年 1 月，致力于设计自动化物流网络，为物流公司提供实时跟踪、提货和交货确认、开票、工作管理和司机评级等服务。

友及构建了使用人工智能和区块链的软件，该软件能够优化和管理车队，利用机器学习将物流交付工作自动分配给司机，减少了对人工调度员的需求，这不仅降低了物流供应商的成本，还可以为客户提供更便捷的交付。此外，友及的软件还利用区块链技术来跟踪和存档交易和交货细节，以便在必要时始终可以对其进行验证，保证了货物安全性。

而针对电子商务公司，友及推出了一个软件，帮助电商公司在没有人的情况下预订送货，可以将客户的详细信息（地址、交货时间等）馈送到系统，然后系统自动安排正确的快递。友及在它的平台上将小型物流交付公司捆绑在一起，以便它们能够受益于规模经济。此外，为了让更多小型物流公司加入平台，系统在确保物流公司相互合作的同时可以不暴露物流公司的路线和客户信息资源等信息。

二、应用场景2：溯源防伪

1. 行业痛点

信息传递不透明，防伪需求日益高涨。

2. 基于区块链的解决思路

（1）区块链不可篡改、数据可完整追溯以及时间戳功能可有效解决物品的溯源防伪问题。例如，可以用区块链技术进行钻石身份认证及流转过程记录——为每一颗钻石建立唯一的电子身份，用来记录钻石的属性并存放至区块链中。

（2）无论是物品的来源出处、流转历史记录、归属还是所在地都会被忠实地记录在链上，只要出现非法的交易活动或是欺诈造假的行为，就会被侦测出来。区块链技术可用于药品、艺术品、收藏品、奢侈品等的溯源防伪。

3. 应用案例：中国 SM 科技

SM 科技打造的区块链 +NFC 防伪溯源系统，在原有的近距离无线通信技术（NFC）防伪溯源系统的基础上融合了区块链技术。区块链技术是一个去中心化的信息存储机构，这一特性决定了区块链是由众多节点共同维护数据。与传统的中心化的防伪溯源系统相比，分布式的数据存储使得数据更加安全，即便其中某一个节点的数据被篡改，其他的节点依然存储了所有的数据信息。在防伪溯源过程中，涉及产品流通信息的记录与追溯。区块链的可追溯特性使得数据从采集、交易、流通到计算分析的每一步记录都可以留存在区块链上，使得数据的质量获得前所未有的强信任背书。以酒类溯源举例来说，消费者用 NFC 手机读取瓶盖上的 NFC 标签信息，就可以查询到酒的生产信息、产品信息、品牌信息、酒出厂之后的流通信息等。

区块链 + 文化娱乐

文化娱乐是文化产业的重要组成部分,包括数字音乐、数字图书、数字视频、数字游戏等。文化娱乐产品涉及生产、复制、流通和传播等主要环节。随着"互联网+"时代的到来以及区块链技术的应用,文化娱乐也迎来了新的发展机遇。

(1)可以通过时间戳、哈希算法对作品进行确权,证明一段文字、视频、音频等具有存在性、真实性和唯一性。

(2)一旦在区块链上被确权,作品的后续交易都会被实时记录,在文化娱乐业的全生命周期可追溯、可追踪,这为司法取证提供了一种强大的技术保障和结论性证据。

(3)文化娱乐的起点是创意、核心是内容,利用区块链技术,能将文化娱乐价值链的各个环节进行有效整合、加速流通,缩短价值创造周期。

(4)应用区块链技术可实现数字内容的价值转移,并保证转移过程的可信、可审计和透明。

(5)基于区块链的政策监管、行业自律和民间个人等多层次的信任共识与激励机制，同时通过安全验证节点、平行传播节点、交易市场节点、消费终端制造等基础设施建设，不断提升文化娱乐中国区块链技术行业的存储与计算能力，有助于文化娱乐业跨入全社会的数字化生产传播时代。

一、应用场景1：改变音乐市场格局

1. 行业痛点

随着知识经济的兴起，知识产权已成为市场竞争力的核心要素。互联网应是知识产权保护的前沿阵地，但当下的互联网生态里知识产权侵权现象时有发生，网络著作权纠纷频发，损害原创精神、举证困难、维权成本过高等问题成为内容产业的尖锐痛点。

2. 基于区块链的解决思路

（1）利用区块链技术，使音乐整个生产和传播过程中的收费和用途都是透明、真实的，能有效确保音乐人直接从其作品的销售中获益。

（2）音乐人无须跨国出版和发行，通过区块链平台自行发布和推广作品，不需要担心侵权问题，还能更好地管理自己的作品。

3. 应用案例：YB 区块链

为版权内容提供溯源支持的"YB 区块链"是内容生产行业的新规则建立的尝试者。它通过区块链、公钥加密和可信时间戳等技术，为原创作品提供原创认证、版权保护和交易服务。用户可作为内容发布者和内容消费者，平台则为原创者提供版权证明、查询作品的原始内容、作者和版权信息、帮助渠道与作者建立联系等功能。YB 区块链客户方向包括媒体平台和自媒体，可合作的数量非常庞大。

二、应用场景 2：文化众筹

1. 行业痛点

文化众筹不同于传统意义的民间集资或金融领域的债权和股权融资，具有独特的泛金融特色，是围绕知识产权（IP）的新业态，现阶段众筹平台仍面临交易不透明、内容不公开等问题。

2. 基于区块链的解决思路

（1）基于区块链特性和虚拟市场规则，应用区块链平台使得消费者能够参与 IP 创作、生产、传播和消费的全流程，而不需要依靠第三方众筹平台的信用背书。

（2）添加信任的确权节点，进行 IP 及其相关权利的交易及分配可提升交易效率。

（3）非公开融资也可以通过区块链实现，跨地域建立人与人之间的信任关系。

三、国外应用案例

（一）应用案例1：IPChain

一家位于深圳的区块链创业团队 IP 科技搭建了一个致力于 IP 资产登记、众筹、交易的区块链平台 IPChain（泛娱链）。

与众多同样瞄准万亿 IP 市场的区块链项目相比，IPChain 不仅仅是解决知识产权的确权问题，更可帮助 IP 孵化和商业化运营，推动 IP 创新。IP 资产数字化、资产证券化、证券现金化是 IP 数字资产交易平台的核心竞争力，相对应的，其应用层由 IP 数字资产登记平台、众筹平台和交易平台三个平台组成。

（二）应用案例2：Star Chain

Star Chain（与 IP 和明星经济接触）是以明星或 IP 为源头实现区块链应用的平台。可以让粉丝共享偶像价值成长。它通过运用以太坊智能合约系统，打造一条将投资人、粉丝群体、艺人以及经纪公司融于一体的价值共享链。

"Star 未来"是基于区块链的内容 IP 孵化投资平台，它提供全面的区块链技术支持，让用户参与 IP 制造产业链，音乐人、电影制作人等可以通过区块链平台，将自己的"粉丝"聚集在一起，也可筹集资金进行内容制作。"Star 未来"发布基于音乐、电影 IP、文学、名人的侧链，创作人可以直接通过作品播放次数收取报酬。

上述内容综合解释可以理解为：当有可以吸引用户的内容或者人存在时，可以通过区块链的分布模式在明星的产业链上下游实现新规则。例如投资人给新项目投资开始后，新项目中的项目团队、推广公司、吸引而来的消费用户，用合约的方式都指配成整个过程中的受益方，达到"有钱一起赚"。

（三）应用案例 3：以新规则建立新服务

文娱产业中的 C 端市场占比巨大[1]，而因区块链的技术优势，

---

[1] B 端代表企业用户商家（business），C 端代表消费者个人用户（consumer），一般情况常见于描述项目所面对用户群体。

更多的公司会选择成为技术服务商。而为B端客户建立在用户层面的新规则成为了区块链主要的新服务方式。

例如"Show.One"就是去中心化直播分发平台，用区块链和智能合约技术，对直播类数字娱乐内容分发做出新的规则，并且形成规则内的流通系统——秀币系统。

而"波场TRON"则是更基础的区块链内容娱乐应用服务提供商。它通过区块链与分布式存储技术，构建了开源的去中心化内容娱乐协议体系，为开发者提供跨协议娱乐应用开发基础设施，帮助每个用户自由发布、存储、拥有数据。同时发行波场币TRONIX，来共享价值。

"ADTrue初链"则将新规则应用到了市场巨大的数字广告行业，从顶级设计上搭建去中心化公有链，并且建立数字广告行业底层区块链设施，同时根据智能合约自由交换数据，利用区块链的防伪防篡改属性来记录每一笔交易和用户点击，让所有数字广告行业的上下游链条实现透明，提高效率，降低成本。

（四）应用案例4：融入游戏产品

游戏可能会是区块链的一个"杀手级应用"。游戏玩家或许是加密数字币等区块链应用的绝佳目标受众。他们习惯于在线支付和处理只存在于数字生态系统中的可替代物品。他们也很熟悉虚拟货币。像 Steam 这样的在线游戏和游戏商店往往有自己的数字钱包，这种钱包包含用法定货币购买的钱币。

1.Bountie 在线游戏平台

（1）支持支付　总部位于新加坡的创业公司 Bountie 正在筹划打造一个在线游戏平台，玩家将可以通过花时间玩游戏和参与社区活动来获得平台的加密货币奖励。然后，他们可以使用 Bountie 的货币购买新游戏和商品，又或者参加在线锦标赛。

（2）区块链记录可帮助玩家建立游戏成就档案　在区块链技术平台可形成一份"简历"，帮助玩家加入锦标赛或者电子竞技队。该创业公司希望这将有助于 Bountie 货币在社区中的广泛传播。"虚拟货币只能在一个生态系统中使用。"Bountie 首席执行官莱克斯·纳（Lex Na）说。

2.Game Tester 平台

澳大利亚公司 Game Tester 计划为小游戏开发商提供一个平台，让玩家可以在上面玩游戏、发现漏洞和提供反馈。玩家通过这些努力获得 Game Tester 自有的 GTCoin 代币报酬。然后，他们可以使用那些代币购买更多的游戏、游戏内的内容或游戏硬件，使用区块链技术记录和编制玩家的贡献和支付信息。Game Tester 目前正在与供应商和制造商商谈合作。它的想法是，用户可以用 GTCoin 代币购买东西，比如游戏笔记本电脑。笔记本电脑供应商接着将 GTCoin 代币卖回给 Game Tester，以换取法定货币，当然他们也可以选择继续持有代币。"但是我们假定硬件公司多半会想换回本国的现金钞票，所以我们会为他们管理那些事情。"Game Tester 联合创始人兼首席执行官大卫·多布森（David Dobson）解释说。

3.Enjin 平台

总部位于新加坡的初创公司 Enjin 专注于虚拟商品的所有权和交易。根据法兰克福证券交易所运营商德意志交易所的数据，全球虚拟物品市场估计价值超过 520 亿美元。德意志交易所于 2015 年创建了一个名为 Swapster 的虚拟物品交易所。最近，Enjin 与美国电子竞技平台 NRG 展开合作，将其自有代币 Enjin Coin 的使用扩展到该加利福尼亚州公司的粉丝群，让他们用于游戏活动、锦标赛以及商品购买。

4. 其他应用

其他的应用包括俄罗斯的 Playkey，它致力于提供基于订阅的游戏流媒体服务。用户可以玩任何需要大量占用资源的游戏，而不需要自己购置昂贵的硬件来运行——该公司的服务器负责承担负载。最终，它希望利用区块链来将这个过程去中心化，让玩家可以通过支付 Playkey Token 代币来获得高端机器的使用权。

较大型的游戏公司和发行商也在探索区块链技术在这一领域的应用。游戏开发和发行工作室 Crytek 去年年底宣布它将推出 Crycash 代币，奖励玩它的免费游戏"战争前线"(Warface)的人。它的计划是，让玩家可以接着在其他游戏或游戏相关交易中使用 Crycash。

5. 应用区块链技术平台的优势

（1）低成本交易的需要是所有游戏平台共同的主题。考虑到像 Enjin、Game Tester 和 Bountie 这样的公司计划促进的转账交易数量庞大，跨境支付费用成本高昂，会导致它们难以维持运营，应用区块链技术平台可以降低成本。

（2）游戏开发者对应用商店收取的分成感到不满，"通过区块链，可以引入无损耗的方式来支付游戏中的物品，将 85% 的价值转给开发者,而不是现在的70%。"包括Steam在内的几家在线游戏商店在它们原有的平台上对游戏销售抽取30%的分成。

(3)透明度和安全性也是关键问题。中心化的数据库模型存在缺陷——容易受到黑客攻击和篡改,这正是区块链能够发挥威力的地方。Steam是全球最受欢迎的个人电脑(PC)游戏平台之一,月活跃用户数量约为6700万,因此它是黑客的主要攻击目标。用户账号被侵入、游戏密钥被盗以及其他的攻击一直以来都让该平台的所有者非常头疼。

(4)使用区块链技术来驱动自己的产品可以让初创公司为其客户和合作伙伴提供额外的服务。例如,Bountie的计划包含一个API(应用程序接口),允许工作室将多人游戏和锦标赛组件集成到游戏中,而无须自行开发。对于没有很高的预算来展开市场营销研究的小型游戏开发商来说,Game Tester的平台可以充当营销洞察工具。每个参与市场调查的玩家可赚取GTCoin代币,并在不可变和防篡改的区块链上形成唯一的交易。通过这种方式,开发人员可以看到他们的游戏在哪里最受欢迎,然后相应针对性地集中资源来进行宣传推广和展开其他营销活动,以便以明显低于传统营销方式的成本进一步推销游戏。

而电竞比赛的服务平台也可以使用区块链的去中心化优势，第一滴血（First Blood）基于区块链技术中的智能合约与先知建立了电竞规则，玩家可以在国际服务器挑战国外玩家。玩家选择想玩的游戏后可以选择竞技的金额，采用直接邀请、等待其他玩家参与竞赛或使用匹配竞赛的功能来找参赛玩家，游戏结束后，先知 Oracle 将会获取游戏结果，然后利用智能合约结算赏金。

另一家利用社交游戏推进自研加密数字币流通的公司领主世界不仅开发了游戏，还研发出实名制可监管的数字资产管理和结算平台 OFBANK，用户可用数字代币 OFcoin 在游戏内购买虚拟道具等，并且具有增值、投资等价值。

四、中国现有文娱产业区块链应用

1. "区块链" + 游戏

壹桥股份目前正从渔业向移动游戏行业转型，在 2017 年 12 月底，其全资子公司壕鑫互联推出全球首款"区块链"电竞加速基础服务——壕鑫竞斗云。随后，壹桥股份股价自 2018 年 1 月 1 日至

1月11日，累计上涨51.1%，市值累计上涨38.1亿元。

2018年1月8日，游久游戏宣布布局"区块链"游戏业务，在旗下子公司游久网上线"区块链"频道。受此消息影响，游久游戏股价自8日起大幅上涨，并连续两个交易日涨停，4天内股价累计上涨18.9%，市值累计上涨11.82亿元。

2017年12月16日，巨人网络以2720万美元投资了比特币交易平台OKcoin，持股14%，成为A股上市公司里直接有"区块链"相关业务的一家公司。之后从2017年12月29日至2018年1月11日，股价累计上涨13.56%，市值累计上涨93亿元。

2. "区块链"+直播

作为映客直播大股东的宣亚国际在2018年1月11日被曝出已开始根据自身优势，并入"区块链"的技术研发。随后其股价在下午开盘便应声涨停，涨幅达10%，收盘报35元/股，市值在一天内上涨3.5亿元。

宣亚国际具体在哪块业务中并入"区块链"还未公布，但最近被"撒币"带火的直播业务很有可能乘上"区块链"风口。

已有全球首个去中心化直播平台YouLive引入"区块链"技术，

并推出加密数字币"YouLive Coin/优币",直接建立起社区内用户之间、用户与主播之间以及主播与广告主之间的交易联系,改善了因直播平台、主播经纪公司等中间者存在而产生的不平等分账模式。

3. "区块链"+视频

2017年12月8日,暴风新影推出了暴风播酷云(BFC),售价高达5999元,将"区块链"技术应用于视频产业。首批的2000台及第二批15000台都很快就被抢一空。

与暴风播酷云发布同日,暴风集团股价便开始飘红,大涨10%。自2018年1月5日至11日收盘,暴风集团股价累计上涨13.8%,市值累计上涨10.8亿元。

4. "区块链"+科技

2017年8月,迅雷发布了全新一代共享计算智能硬件"玩客云",在共享经济中并入"区块链"技术,并推出加密数字币"链克"。在此推动下,其股价一路暴涨,自2017年10月1日至2018年1月11日,其股价已累计上涨376%,市值累计上涨11.8亿美元,合人民币76.75亿元。

与迅雷类似，快播也发布了一款流量矿石，其数字币 LLT 可以兑换购物卡，充值电费、话费、网费等，实现一定的现实收益。

区块链 + 智能制造

加快推进智能制造是落实工业化和信息化深度融合、打造制造强国的战略举措，更是我国制造业紧跟世界发展趋势、实现转型升级的关键所在。当前我国正在加快实施智能制造工程，积极推动制造企业利用新一代信息技术提升研发设计、生产制造、经营管理等环节的数字化、网络化水平，实现智能化转型，以重塑制造业竞争新优势。

当务之急就是要实现制造企业内部信息系统的纵向集成，以及不同制造企业间基于价值链和信息流的横向集成，从而实现制造的数字化和网络化。

（1）利用区块链技术，可有效采集和分析在原本孤立的系统中存在的所有传感器和其他部件所产生的信息,并借助大数据分析,评估其实际价值,并对后期制造进行预期,帮助企业快速有效地建立更为安全的运营机制、更为高效的工作流程,并提供更为优秀的服务。

(2)数据透明化使研发、生产、制造和流通更为有效,同时也帮助制造企业降低运营成本、提升良品率和降低制造成本,使企业具有更明显的竞争优势。

(3)智能制造的价值之一就是重塑价值链,而区块链有助于提高价值链的透明度、灵活性,并能够更敏捷地应对生产、物流、仓储、营销、销售、售后等环节存在的问题。

一、应用场景1:组建和管理工业物联网

1. 行业痛点

由于制造设备和信息系统涉及多个厂家,原本中心化的系统主要采用人工或中央电脑控制的方式,实时获得制造环节中所有信息的难度大。同时,所有的订单需求、产能情况、库存水平变化以及突发故障等信息,都存储在各自独立的系统中,而这些系

统的技术架构、通信协议、数据存储格式等各不相同，严重影响了互联互通的效率，也制约了智能制造在实际生产制造过程中的应用。

2. 基于区块链的解决思路

（1）组建高效、低成本的工业物联网，是构建智能制造网络基础设施的关键环节。在传统的组网模式下，所有设备之间的通信必须通过中心化的代理通信模式实现，设备之间的连接必须通过网络，这极大提高了组网成本，同时可扩展性、可维护性和稳定性差。区块链技术利用P2P组网技术和混合通信协议，处理异构设备间的通信，将显著降低中心化数据中心的建设和维护成本。

（2）将计算和存储需求分散到组成物联网网络的各个设备中，可以有效阻止网络中的任何单一节点的失败而导致整个网络崩溃情况的发生。

（3）区块链中分布式账本的防篡改特性能有效防止工业物联网中任何单节点设备被恶意攻击和控制后带来的信息泄露和恶意操控风险。

（4）利用区块链技术组建和管理工业物联网，能及时动态掌握网络中各种生产制造设备的状态,提高设备的利用率和维护效率,同时能提供精准、高效的供应链金融服务。

3. 应用案例

(1)应用案例1:Filament　Filament是一个投身于物联网和区块链的创业公司,它专注于产业应用,如农业、制造业、石油和天然气产业等。Filament使用一种名叫Taps的无线传感器,组成低功耗自治网状网络,来收集数据、监控资产,而且不需要云服务或中心网络服务器的参与。这家公司使用区块链技术识别认证设备,通过提供这样的网络和数据服务来获得收入,当然是以比特币为支付方式。

(2)应用案例2: Chain of Things　Chain of Things是一个联盟,他们的任务是探索区块链在处理物联网规模化和安全问题中所能扮演的角色。他们在最近伦敦举行的黑客马拉松中展示了区块链和物联网的使用案例,包括一种太阳能堆栈设计,它可以提供可靠的、可验证的再生资源数据,加速刺激结算,减少其中的欺诈。这个系统加快了太阳能面板和数据记录器的连接过程,跟踪太阳能的生产量,安全地把这些数据提交给节点,节点把这些数据记录在分布式账簿中,然后在范围更广的全球节点网络同步。

二、应用场景2:生产制造过程的智能化管理

1. 行业痛点

在传统的生产模式下,设备的操作、生产和维护记录是存储在单一、孤立的系统中,一旦出现安全和生产事故,企业、设备厂商和安全生产监管部门难以确保记录的真实性与一致性,也不利于后续事故的防范及设备的改进。

2. 基于区块链的解决思路

(1)区块链技术能够将制造企业中的传感器、控制模块和系统、通信网络、企业资源管理计划(ERP)系统等系统连接起来,并通过统一的账本基础设施让企业、设备厂商和安全生产监管部门能够长期、持续地监督生产制造的各个环节,提高生产制造的安全性和可靠性。

(2)区块链账本记录的可追溯性和不可篡改性也有利于企业审计工作的开展,便于发现问题、追踪问题、解决问题、优化系统,可极大提高生产制造过程的智能化管理水平。

3. 应用案例：德国 ALLCHAIN

ALLCHAIN 将物联网（IOT）、近距离无线通信技术（NFC）、芯片大数据技术（DT）、人工智能（AI）、区块链（BC）完美结合，能够真正地实现数据智能化生产，产品将不再是工厂到用户，而是由用户决定生产，创造一个由消费者需求直接驱动制造企业的生态平台。

ALLCHAIN 的成长是从用户的实际需求、产品的角度出发，从服装产业私有链逐渐过渡到商业产业联盟链，再从商业产业联盟链延伸到社会公有链的稳健过程，是一个用户及应用不断累积的过程，是一个量变到质变的过程。各企业可以基于 ALL CHAIN 研发的商业公有链连接商业应用，将真正的区块链普及到个人，实现真正的不能离开的区块链网络。德国是全球第一个积极倡导区块链技术发展及承认数字币合法性的国家，由此可见 ALLCHAIN 的发展优势。

区块链 + 社会公益

随着互联网技术的发展,社会公益的规模、场景、辐射范围及影响力得到空前扩大,"互联网+公益"、普众慈善、指尖公益等概念逐步进入公益主流。这些模式不仅解构了传统慈善的捐赠方式,同时推动公众的公益行为向碎片化、小额化、常态化方向发展。同时,各式各样的公益项目借助互联网实现丰富多彩的传播,使公益的社会影响力被成百倍地放大。

一、行业痛点

慈善机构要获得持续支持,就必须具有公信力,而信息透明是获得公信力的前提。公益透明度影响了公信力,公信力决定了社会公益的发展速度。信息披露所需的人工成本,又是掣肘公益机构提升透明度的重要因素。

二、基于区块链的解决思路

(1)区块链利用分布式技术和共识算法重新构造了一种信任机制,链上存储的数据可靠且不可篡改,天然适合用在社会公益场景。公益流程中的相关信息，如捐赠项目、募集明细、资金流向、受助人反馈等，均可以存放于区块链上，在满足项目参与者隐私保护及其他相关法律法规要求的前提下，有条件地进行公开公示。

（2）公益组织、支付机构、审计机构等均可加入进来作为区块链系统中的节点以联盟的形式运转，方便公众和社会监督，让区块链真正成为"信任的机器"，助力社会公益的快速健康发展。

（3）区块链中智能合约技术在社会公益场景中也可以发挥作用。对于一些更加复杂的公益场景，比如定向捐赠、分批捐赠、有条件捐赠等，就非常适合用智能合约来进行管理。这样使得公益行为完全遵从预先设定的条件，更加客观、透明、可信，杜绝过程中的猫腻行为。

三、应用案例

2016年7月，支付宝与公益基金会合作，在其爱心捐赠平台上设立了第一个基于区块链的公益项目，为听障儿童募集资金,帮助他们"重获新声"。在这次的项目中,捐赠人可以看到一项"爱心传递记录"的反馈信息,在进行必要的隐私保护基础上,展示了捐助人的捐款从支付平台划拨到基金会账号,以及最终进入受助人指定账号的整个过程。以上所有的信息,都来源于区块链上的数据,数据既从技术上保障了公益数据的真实性,又能帮助公益项目节省信息披露成本,充分体现出了区块链公益的价值。

区块链 + 教育就业

教育就业作为社会文化传授、传播的窗口,需要实现学生、教育机构以及用人就业单位之间的无缝衔接,以提高教育就业机构的运行效率和透明度。区块链系统的透明化、数据不可篡改等特征,完全适用于学生征信管理、升学、就业、学术、资质证明、产学合作等方面,对教育就业的健康发展具有重要的价值。

一、应用场景1：教育存证

1. 行业痛点

学生信用体系不完整、未建立历史数据信息链、数据维度有限，导致政府、企业无法获得完整有效信息。对于学历造假、论文造假、求职简历造假等行为，用人单位、院校由于缺乏验证手段，导致蒙受信息不对称产生的损失，降低了学校与企业之间、院校与院校之间的信任度。

2. 基于区块链的解决思路

（1）在教育存证场景上，基于区块链的学生信用平台可创建有关信息的数字文件，然后使用用户的私钥对证书的内容进行签名，再对证书本身附加签名。依赖于创建的哈希值，可以验证证书内容是否被篡改。再用私钥在区块链上创建一条数字记录，保证用户信息和证书内容的一致性。

（2）教育机构利用自己的私钥签署一份具有完整信息记录的数字证书，将其哈希值存储在区块链中，在每一次发放和查询时，都会由智能合约触发相应的多重签名校验，确保不会被恶意查询，交易输出将数字证书分配给需求方，如学生或者用人单位。

3. 应用案例：EduChain

2017年5月，国内技术公司首次推出了"教育链"（EduChain）项目，利用 EduChain 构造"去中心化"的平台系统，系统内置有专属代币 EDU，兼具权益属性和流通属性。该公司致力于将 EduChain 打造成为教育行业公链。同年7月，公司利用 EduChain 接口打造基于区块链智能合约搭建的用户自治去中心化账户系统的平台，已应用于第一个落地场景——以太创客空间。2018年1月，区块链蓝海 APP 正式上线，旨在打造区块链技术领域的科普先锋，同时，教育链团队空投20万代币给公测用户，作为他们对 APP 的测试和提议的奖励。2018年2月，平台开设课程，并使用 EDU 作为唯一支付方式。

二、应用场景2：产学合作

1. 行业痛点

产学合作是教育机构与用人企业之间多赢的机制，现在教育存在的问题之一就是学生的技能信息、知识体系未与用人企业的技能需求、市场趋势保持信息对称。

2. 基于区块链的解决思路

（1）通过引入区块链技术，实现学生技能与社会用人需求无缝衔接，可精确评估人才录用、岗位安排的科学性和合理性，能有效促进学校和企业之间的合作。

（2）针对一些学术性实验、跨校组织的公开课以及多媒体教学资源，利用区块链技术可为学术成果提供不可篡改的数字化证明，为学术纠纷提供权威的举证凭据，减少纠纷事件消耗的人力与时间。

目前，实际应用案例还未形成，但在区块链研究领域产学研联合频报佳绩。2017年7月20日，阔悦科技与上海交通大学成立区块链技术联合创新中心的揭牌仪式在上海圆满落幕。该中心致力于研究新型安全高效的区块链技术解决方案，包括共识机制、零知识证明、环签名、数字钱包、后量子密码等关键技术，并取得实用性成果。

区块链 + 共享经济

一、行业痛点

共享经济旨在通过实时监控可用资源和对需求适时调整从而实现资产的最大化利用,双方信任水平与顾客消费意愿显著相关。

二、基于区块链的解决思路

1. 预订

(1)安全性　用区块链加强"ID 验证"❶。为了增强社区信任,Airbnb 引入了"ID 验证"机制。验证后的 ID 连接个人的 Airbnb 资料和其他重要信息。这个流程包括:

①上传政府核发的 ID 副件;

②将其他社交媒体资料(如 Facebook、Google、LinkedIn)与 Airbnb 账户相关联;

---

❶ 身份验证。

③上传一张 Airbnb 资料图，附加联系信息（电话/邮件）。

Airbnb 表示 ID 验证机制接受度良好。

（2）增强预订流程信任度　尽管验证身份和证书可以帮助验证一个用户，但这不涉及用户的过往历史。区块链可以让买方和卖方安全地整合他们的历史交易记录，确保所有评价都由对手方使用单独电子签名验证。

2. 支付

确保支付证书和自动进行依据合约满意度的放款流程如下：很多常规情况下，即便用户资料中存储有他们的信用卡信息，用户每个新的交易也都需要重复输入信用卡信息。区块链可以连接支付流程和已存储 ID 信息，增强支付安全。区块链可以通过"智能合约"，在预想情况满足时自动进行放款操作。

3. 评价

使用区块链验证改进评价体系。社交媒体最令人烦恼的问题就是用户评价，区块链可以建立一个抗干扰的评价生态系统。在这个系统中，必须有真实评价者的电子签名，并需要附加评价者的确有购买行为的验证评价才会被接受。区块链带给

Airbnb 许多潜在收益，用户信心的增长可以带来更快的市场接受度增长。

区块链 + 能源市场

一、行业痛点

（1）线路损耗严重　预计 8%~9% 的电力从未抵达终端消费者。

（2）可靠性堪忧　电网上中心化的基础设施导致大量人口同时断电而损失惨重。

（3）负载平衡困难　电网运营者需要使用多种方式来平衡短期的供需波动，包括需求响应计划。许多情况下，这些计划需要消费者通过响应经济激励（如更低费率）来扮演重要角色。

二、应用场景 1：TransActive Grid 智能电网

TransActive Grid 智能电网基于区块链的解决思路如下所述。

1. 商业影响

区块链可以建立一个去中心化的能源市场。区块链天然的分布式特征可以让分布式的能源用户无缝地将电力卖给附近的其他消费者，实现真正的本地化能源生产和消费。在纽约的布鲁克林，一家名为 TransActive Grid 的创业企业已经建立了这样一个基于区块链技术的点对点（P2P）能源销售网络，安装了屋顶太阳能面板的家庭可以向同一条街上没有安装屋顶太阳能面板的邻居出售他们生产的电力。

2. 结构性影响

区块链技术会驱动更多分布式电网基础设施建设。能够作为本地生产者在能源市场上进行交易这一点会吸引更多资源投入赋能分布式电网的技术。这包括智能电网装备、物联网装备和电动汽车。电网越是分布式的，就越是能更可靠、高效地匹配能源供需——包括但不限于发送实时报价信息和减少昂贵的输配电基础设施开支。

3. 政策影响

区块链技术会终结净计量电价机制。我们认为分布式的能源生产者会接受向电网售回电力的替代方案——也就是说售回给一个本地化的市场，区块链可以为去中心化能源市场赋能交易能力，增强电网安全性，刺激智能电网科技的应用。

三、应用场景2：Energo

Energo这一项目围绕菲律宾德拉萨校园的微电网而架构，通过利用区块链的去中心化特性来确保楼与楼之间的用户可直接进行点对点的电力交易，保证大楼电力的供给与消耗一直处于均衡有序的工作状态。同时，利用区块链的分布式账本特性，能源计量系统也会有效地记录一系列发生的交易，以及保障数据存储的安全性。

Energo Labs作为一家致力于通过区块链技术变革新能源行业的国际化公司，在此次项目中，向德拉萨大学捐赠了可负担10千瓦的太阳能硬件系统。这一硬件系统，加速了校园内清洁能源的生产。在今后长达20年的工作周期中，将为德拉萨大学节省高达180万菲律宾比索的电费。同时，这一系统也推动德拉萨大学成为全球最佳的绿色校园之一。

未来，Energo也将在国际舞台上加速推动清洁能源的技术转型。除菲律宾的微电网项目外,Energo Labs 也正在印度、新加坡、中国台湾省、泰国与韩国等海内外市场铺排多个落地项目。利用区块链技术分布式的特性与微电网结合,可在偏远地区提供就近的电力供给与自治消纳;同时,也将区块链的去中心化特性与太阳能电池、能源存储等硬件结合,加速离网地区的电力改革,让清洁电力早日普惠更多偏远地区的居民。

四、现阶段困境

(1)区块链技术目前只能解决交易的去中心化、信任的去中心化,但是,专业能力的中心化仍然需要由专业的服务机构提供。而电力相对于其他商品的特殊性质很大一部分就在于其专业性,售电公司除了提供买卖撮合的供需中介服务以外,还要为用户提供电能质量管理、电能安全服务,甚至有很多售电公司还提供设备运维保养服务,以及专业的节能减排和效率优化方案,这些专业性服务都是无法通过区块链去中心化的。

(2)电力不同于数据交易和金融交易,必须满足电力网络的物理约束条件,而区块链售电在机制设计的时候强调去中心化,强调用户间的自协调和自撮合，但是分布式发用电存在波峰波谷较大、不确定性较大、用户习惯趋同性、交易非理性、市场力过于集中等问题。因此，非常容易造成区块链上的点对点电力交易需求暴增或者暴减，并且，如果没有精妙设计的电力价格形成机制作为支撑的话，容易在系统内造成系统性风险。

（3）在信息安全问题上，区块链的去中心化分布式数据架构以及加密和共识机制是对于数据库结构的一次革命。因此，目前信息安全学界和业界并没有深入探讨如何设计适应区块链架构的信息安全体系和战略，对于信息安全来说，需要完全不同于以往的新范式，区块链 + 物联网的信息安全仍存在挑战。

区块链 + 社交通信

一、应用场景1: Telegram

Telegram 是一款开源且跨平台的即时通信工具（类似微信），

其公司注册于德国柏林,非常注重隐私。Telegram 完全由私人拥有,没有其他股东和投资人并号称永远不会出售。平台想搭建基于公有链的底层设施的构架,推动去中心化的应用。现在,Telegram 项目不但月活跃用户超过了 1 亿人,每天发送的消息也达到了 150 亿条,各个频道每天的浏览量超过 4 亿次。

1. 加密通信

相比其他通信工具,Telegram 使用了多种方式来帮助用户保护自己的通信安全,比如秘密聊天模式不但使用了端对端的加密通信技术,还会在任意一方截屏时通知对方。某一用户可以对其他用户发起一对一的加密聊天,这是端到端加密的,可以设置每条消息的有效时间(有点像"阅后即焚"照片分享应用 Snapchat)。同时可以设置一段时间内没有活动记录自动删除账户,也可以主动注销(deactivate)。如果不用 Telegram 的加密聊天(Secret Chat)功能,默认的普通聊天是不被加密的。

2. 轻量

在 IOS 平台上,Telegram 的安装包是 39.8 MB,使用一段时间后,Telegram 占用空间依然是 40 MB 左右。

3. 实时

在 Telegram 中，只要用户知道对方的用户名，就可以向其发起会话，而不需要添加好友。

这在很多情景上提升了用户体验与沟通效率，达到真正的"即时通信"。

4. 全终端同步

Telegram 永远不会主动删除用户的聊天记录，所有内容都会在全平台同步。最重要的是可以传输无损图片。

5. 机器人平台：Telegram Bot

借助于 Telegram 上的机器人，用户可以快速在线搜索图片、电影资料、维基百科词条等一系列内容发给聊天对象。

6. 用频道（Channel）广播消息

在新建聊天界面，用户可以新建自己的频道，接着把频道链接分享出来就可以引导其他用户进入这个频道中。在频道里，用户可以向订阅者分享文字、视频、图片、PDF 文件等各式各样的内容，而且用户还可以根据内容的重要程度自定义是否在发送消息时顺带向订阅者发送通知。

二、应用场景 2：Bitmessage

比特信（Bitmessage）是去中心化的点对点协议。与使用附加类似良好隐私（PGP）组件的电子邮件不同，Bitmessage是一个统一的系统，对每条消息进行加密。它不仅保证了通信成员的安全，还保护了信息的内容，并且这些消息的发送者和接收者都是保密的。

在 Bitmessage 模糊的地址中，系统采用非可识别的地址。这个系统的工作原理类似比特币：传输是安全的，不能被制造。消息使用收件人的公钥进行加密。工作证明系统意味着，Bitmessage 客户端必须解决计算问题去发送消息。这在理论上可以防止一个目前广大用户头疼的主要问题，那就是垃圾邮件。

比特信并非由一家公司所有，也不依赖于任何一台中央服务器，以防止被监控。这款软件使用了点对点技术，能将多台计算机连接至一个分布式网络中。如果要检索一封使用比特信发送的电子邮件，必须进入用户的个人计算机才行。

区块链 + 企业联盟

一、应用场景 1：IBM HyperLedger

超级账本（HyperLedger）区块链联盟是 Linux 基金会于 2015 年发起的推进区块链数字技术和交易验证的开源项目联盟，成员包括以 IBM 为代表的技术厂商以及各大型银行、航空公司等 100 多家公司，其中有超过 1/4 的成员都来自中国，是世界上最流行的开源区块链解决方案之一。

该项目为一个有权限的联盟链，项目旨在将行业里的最佳实践糅合在一起，然后和区块链创新、云计算创新进行整合，快速迭代，项目契合 IBM 一贯热衷 2B❶ 市场的风格，旨在通过构建一个通用的区块链开源化技术平台，加强快速商业推广，同时 IBM 也将传统的技术架构平台推出来，如 PASS、Bluemix 云平台免费试用 30 天，大家可以自己创建链并进行开发。

---

❶ 又称 B2B，即 Business To Business，是指互联网市场领域的一种企业对企业之间的营销关系。

其交易过程如下：

（1）首先，每个链码都有规定的批准者，假设我们考虑一个用于汽车交易的链码，它规定的批准者有A、B、C三个节点，交易生效的前提是A、B、C中的两个批准了这笔交易。

（2）这个时候，假设用户小明要买车，他生成一笔交易请求用于触发这个用于交易的链码，他把这个请求发给A、B、C三个节点等待批准。

（3）如果请求无误可信，A、B、C三个节点认可了这个请求，他们会直接进行运算生成结果，然后写成交易反馈给用户（这个时候并不写入区块链）。

（4）用户收到返回的交易之后，如果确认返回的交易结果一致，则把交易发给排序模块，然后排序模块将所有收到的交易根据时间排序，打包形成区块，然后发给所有节点。注意，这里排序模块不对交易进行任何验证，也就是不管他们收到的交易是不是得到了足够批准，只要格式对，他们都打包进区块。

（5）所有节点验证每笔交易是不是得到了足够的批准，如果是，则注明有效交易，否则注明无效交易，但不论结果如何，所有交易都会被写进账本。

（6）最后，如果交易成功，节点通知用户交易已经加入账本。

二、应用场景 2：R3 CEV

R3 CEV 是一家总部位于纽约的区块链创业公司，由其发起的 R3 区块链联盟，至今已吸引了 42 家银行巨头的参与，其中包括富国银行、美国银行、纽约梅隆银行、花旗银行、德国商业银行、德意志银行、汇丰银行、三菱 UFJ 金融集团、摩根士丹利、澳大利亚国民银行、加拿大皇家银行、瑞典北欧斯安银行（SEB）、法国兴业银行等。该联盟专注于推动区块链技术在金融机构中的应用，共同开发技术和标准供成员组织使用，促进了许多技术开发组织的发展和成员组织间的互通测试。

2017 年 5 月，R3 CEV 领导下的全球银行业区块链联盟宣布已经完成其 A 轮投资的第二部分，募资 1.07 亿美元，这是迄今为止区块链领域涉及金额最大的一轮投资。投资者包括日本的 SBI 集团、英国的汇丰银行（HSBC）、巴西的布拉德斯克银行（Banco Bradesco）、法国的投行 Natixis 以及其他一些来自世界各地的银行集团。

三、应用场景3：Skuchain

Skuchain 是一家位于加利福尼亚州山景城的创业公司，致力于开发 B2B 贸易和供应链融资区块链应用程序。他们正在开发区块链解决方案，以此来解决价值 18 万亿美元的全球贸易金融市场仍旧依赖纸质文件的问题。

全球贸易金融市场目前仍旧以信用证和保付代理为主导。因此造成买卖交易非常复杂和繁琐，其中涉及大量的实体，包括买家、卖家、物流供应商、银行、海关和其他的第三方等。信用缺失、路途遥远和反馈缓慢也导致交易成本、复杂性和时间增加。并且，这些交易很大程度上基于纸质文件，因此必须在世界各地不停流转原始文件。区块链技术取消了对纸质文件的需求，转而提供了一种安全且数字化的解决方案，能够缩短交易时间、降低成本，并且还能够为小中型企业提供合适的融资解决方案。

区块链 + 物联网

目前的物联网设备的协作和交易只能在同一信任域下进行，大大降低了物联网应用的真正商业价值和普及程度，而区块链技术能够解决非安全网络下的信任问题，解决的正是物联网缺陷的核心。

一、应用场景1：ADT 物联网

ADT 物联网系统由 IBM 与三星联合打造，利用区块链技术来构建去中心化的物联网。ADT 的全称是去中心化的点对点（P2P）自动遥测技术，它旨在为交易提供最优的安全保障。该系统基于以下三种协议：Blockchain（区块链）、BitTorrent（文件分享）和 TeleHash（P2P 信息发送系统）。

ADT 物联网系统由以下几个方面构成。

1. 区块链

区块链允许数据被存储在不同地方，同时能追踪数据各方之间的关系。当涉及物联网时，它可让设备了解其他设备的功能，以及不同用户围绕这些设备的指令和权限，即追踪设备之间的关系、用户和设备之间的关系,甚至在用户同意前提下两个设备间的关系。

2. TeleHash

设备除了使用区块链来理解交易,它们还需要沟通,所以ADT使用了TeleHash——一款使用JSON❶来共享分布式信息的私人信息传递协议。

3.BitTorrent

由于连接网络不会一直很稳定(比如使用蓝牙等连接),ADT物联网系统会使用文件共享协议BitTorrent来移动数据,保证系统的分散化特性。

IBM和三星最近为ADT(去中心化点对点自动遥测技术)提出了一个概念验证:使用区块链数据库建立一个分布式设备网络(一种去中心化物联网),由ADT来提供一种安全且成本低的设

---

❶JSON(JavaScript Object Notation,JS对象简谱)是一种轻量级的数据交换格式。它基于ECMAScript(欧洲计算机协会制定的规范)的一个子集,采用完全独立于编程语言的文本格式来存储和表示数据。简洁和清晰的层次结构使得JSON成为理想的数据交换语言。它易于人阅读和编写,同时也易于机器解析和生成,并有效地提升网络传输效率。

备连接方式。人们使用家用电器如洗碗机时，可以执行一份"智能合约"来发布命令，要求洗涤剂供应商进行供货。这些合约被赋予了设备支付订单的能力，并且还能接收来自零售商的支付确认信息和发货信息。这些信息会以手机铃声提醒的方式通知洗碗机的主人。

二、应用场景2：Filament

Filament 成立于 2012 年，是利用区块链技术为工业网络构建的软硬件解决方案，该解决方案允许工业资产安全地相互无线通信，并且可以独立在其他设备进行云连接，不再需要一个中央系统处理即可独立执行智能协约。

目前，Filament 采用的是基于基石程序（Blocklet）技术的 JSON Web Token（JWT）作为代币进行机器之间的价值交换。软件方面，Filament 使用五层协议——块名（Blockname）、TeleHash、以太坊、Pennybank 和比特流（BitTorrent）。Filament 传感器的运行依赖于前三层协议，后两层协议供用户端自行选择。

区块链 + 电子商务

应用场景：OpenBazaar

OpenBazaar 是一个结合了易贝（Ebay）与比特流（BitTorrent）特点的去中心化商品交易市场，使用比特币进行交易，既没有交易费用，也不用担心受到审查。因此相对于提供中心化服务的电子商务平台，通过 OpenBazaar 不需要支付高额费用、不需要担心平台收集个人信息致使个人信息泄露或被转卖用作其他用途。

区块链资产交易平台 Shapeshift 与在线比特币市场 OpenBazaar 已经进入合作发展阶段，这样使得消费者可以使用多种加密数字币进行购物。

区块链 + 文件存储

一、应用场景 1：MaidSafe

MaidSafe 于 2006 年 2 月在苏格兰特伦（Troon）成立，目标是用完全去中心化架构来取代互联网昂贵的数据中心，建立一个全球范围内任何人都可以访问的去中心化存储平台。在过去几年里，团队已编写了许多算法来协调、兼容和控制各个独立节点，这些独立节点不断地重复简单基础的工作——就像工蚁。因为用户数据被复制到分布于不同地理位置的 4 个服务器中，所以即使 1 或 2 个节点因为网络原因中断，网络的冗余性和安全性依然首屈一指。

二、应用场景 2：Enigma

Enigma 项目由 MIT 的研究生 Guy Zyskind 研发，并得到区块链创业家 Oz Nathan 以及 MIT 教授 Alex Pentland 的帮助。该项目的用户们可以在市场上售卖大型计算与统计的加密数据，同时不泄露数据的源地址。

Enigma 项目会为云数据共享带来更大的灵活度——帮助公司分析客户的数据，并且保证客户们的私人信息安全，并在不共享数据的情况下允许贷款申请人提交自动承保信息。消费者甚至可以根据研究目的来售卖他们的数据，并不必担心它会通过互联网传播或者落到未知的人手里而泄露。通过叫作安全多方计算的密码技术，数据可以分往不同的服务器，因此没有机器可以提取基本信息，但是节点仍然可以共同计算数据的授权功能。尤其是，没有任何团体拥有通往数据整体的能力，也就是说，任何一个团体都只能有着毫无意义的一部分。

区块链可以控制数据连接，即一个共享账单，与控制比特币和其他加密数字币相似。用户们可以有效加入连锁加密签名许可单来让其他用户获取存储数据的权利。公司能够利用 Enigma 存储客户习惯的数据和信息，利用许可系统让职员们或合伙人分析大量记录，而没有数据泄露的风险。甚至银行也可以根据计算标识贷款承保原则，在用户提供的加密数据基础上的自动脚本进行执行，因此申请者永远也不需要共享他们的财产细节数据。

区块链 + 人工智能

人工智能（AI）将与区块链归并到一起，以算法驱动世界，其中比较成功的应用案例是中国智能矩阵。

面向不同行业的设计－建设－运营－移交模式（DBot），可以把区块链技术带给更多的用户和行业。例如分布式的社交、分布式的存储和分布式的域名服务、分布式的计算服务等，通过激励机制的引入，将更深层次利用共享经济的理念，改变现有的 APP 市场和商业模式。

如某个保险相关的合约需要通过调用 AI 来获取下个月上海的天气状况（温度、灾害概率等），以帮助该保险合约完成在该地区中与天气相关的赔率精算，后续的保险赔付执行将根据这个赔率自动执行。

链上的智能合约可以利用 AI 服务对区块链的链上和连接的链外数据做大数据分析，通过智能矩阵（Atmatrix）提供经过 AI 服务和 DBot 平台后的确定性结果给智能合约，并做进一步的执行。通过这种方式，智能矩阵可以很好地满足链上类似智能合约这样的 AI 服务消费者的需求，帮助解决区块链合约学习分析能力不足的问题。

目前，去中心化的智能公司开发了很多区块链＋人工智能的应用，如以下许多案例。

参考阅读

（1）去中心化智能 TraneAI（以去中心化的方式训练AI）；Neureal（点对点的AI超级计算）；SingularityNET（AI市场）；Neuromation（综合数据集生成和算法训练平台）；AI Blockchain（多应用智能）；BurstIQ（医疗保健数据市场）；AtMatrix（去中心化机器人）；OpenMined项目（在本地训练机器学习的数据市场）；Synapse.ai（数据和AI市场）；Dopamine.ai（B2B AI货币化平台）。

（2）会话式平台 Green Running（家庭能源虚拟助手）；Talla（聊天机器人）；doc.ai（量化生物和医疗保健洞察）。

（3）预测平台 Augur（集体智能）；Sharpe Capita（众包情绪预测）。

（4）知识产权 Loci.io（IP发掘和挖矿）。

（5）数据溯源 KapeIQ（对医疗保健实体的欺诈检测）；Data Quarka（事实核验）；Priops（数据合规性）；Signzy（KYC）。

（6）交易 Euklid（比特币投资）；EthVentures（对数字令牌的投资）。

（7）保险 Mutual.life（P2P保险）；Inari（普通保险）。

（8）其他 Social Coin（市民奖励系统）；HealthyTail（宠

物分析）；Crowdz（电子商务）；DeepSee（媒体平台）；ChainMind（网络安全）。

关于区块链耗能目前有以下解决方案：

摩根士丹利发布的一项预测报告曾显示，2018年比特币的电力需求预计将增长3倍，一年的用电量相当于阿根廷全国一年的电力需求。

一批来自顶尖机构的创新者如MIT、康奈尔大学，还有一些技术巨头如IBM和英特尔等，正在开发大量的"绿色"区块链技术，以解决企业对简化区块链各种交易的需求。有团队正在开发一种名为"有用工作量证明"（proof-of-useful work）的"绿色"区块链算法。在该算法中，用于验证区块和收集新币的下一代计算机，将根据其在现实世界中执行有用功能所消耗的能量被选择。通过使用许可链（Permissioned Blockchain，指参与到区块链系统中的每个节点都是经过许可的，未经许可的节点不可以接入到系统中）来降低能源消耗，比如，银行就更喜欢这种设计，以保证交易数据的私密性。由MIT教授、图灵奖得主Silvio Micali创办的区块链项目Algorand，开发了一个可在销售终端（POS´）版本上运行的公链，其产生的电力消耗接近于零。这条公链每隔几秒钟就可处理上千笔交易。Algorand 节省的电费成本，可进一步转分给那些通过区块链交易的用户，从而大大降低他们的交易费率。

区块链 + 身份认证

在智能合约里，第一步是构建数字身份。数字身份是人们与社会发生泛商业关系时产生的一切数据对个人身份的数字化重塑。其作为数字资产与现实身份的映射证明也有着强烈的创投需求。全球范围内，数字身份正在加速落地。

一、应用场景 1：数字身份平台

应用案例：IDHub

目前国内在数字身份领域的创业公司 IDHub 已在佛山正式落地。针对于整个佛山市人口数字化的计划预计将分为三期：第一期，建设自然人数字身份平台，链接民生应用、电子政务，打造一站式办公服务；第二期，建设法人数字身份平台，对接互联网应用、个人数字空间；第三期，构建基于区块链的立体多维信用模型体系，广泛对接线上线下的商业应用。

二、应用场景2：门禁系统

1. 行业痛点

门禁系统使用的是四十多年前的磁条科技，很容易被伪造。目前，很多政府部门和大公司都在使用各种安全公司提供的门禁系统。这些系统都由一个中心数据库来存储个人数据，很多还发行了某一类的身份卡。

数据库越大，安全要求越高，那么费用也越昂贵。其中最大的数据库需要有当地的协作数据处理中心，以及武装警卫和他们自己的门禁系统。这种中心化的案例永远会受制于黑客攻击、故障停机、软件许可费和升级、巨大的能源成本、硬件局限性、网络限制、技术支持、IT培训等。

2. 应用案例：身份识别系统 CryptID

CryptID是一个全新的开源身份识别系统。它是一个低成本、极其灵活的身份标识发行和验证程序，可用于任何大小的组织。该轻量级的程序使用Factom(公证通)来将加密身份数据写入区块链，并允许多种用途和很多设定，甚至允许使用身份证。

因身份记录，包括很小的照片和指纹文件，不会超过几百千字节，因此CryptID的团队能够使用Factom将整个记录存入区块链，而且还会在比特币区块链中进行时间标记，无须运行本地管理员服务器即可让其他人访问；所有的数据都是去中心化存储的，而且可以从任何地方进行访问。

区块链 + 房地产

一、行业痛点

目前的房地产领域，是一个不安全透明的行业，损害消费者和社会整体的最佳利益。区块链技术在房地产行业的应用，不仅可以巩固或简化已有流程，还可以创新模式，让住房更加"经济适用"，也就是说，在信息透明、中介成本和交易费用降低的基础上，支持有真实居住需求、真实支付能力的人们，更安全、快捷、省心地完成买卖或者租赁交易。

二、基于区块链的解决思路

基于区块链的交易中，可以无须中间媒介的参与，包括银行、房屋中介公司、保险公司、公证人甚至现金。区块链将取代专业人员完成整个的房地产交易，而且整个交易的历史都将被安全记录，公开透明。房地产交易可以在区块链上进行管理，但是房东对房产的所有权、处置权、租赁权等，在相当长的时间内，还需要相关部门的认证和确权。使用基于区块链的智能合约，可将资产交换作为房地产交易的一部分进行编码，在约定的标准完成时能立即执行；可避免各种人为拖延，或者背信不履约的纠纷。房屋交易的所有必要数据都保存在数据库中，买家和卖家都可以很容易地访问到一个房地产交易相关的所有数据。这就会使得买卖房地产更安全、更容易、更快捷。

三、应用案例

1. 应用案例1：雄安

雄安已建成区块链租房应用平台，这是国内首个将区块链技术运用到租房领域的案例。在这一政府主导的区块链统一平台上，挂牌房源信息、房东房客的身份信息、房屋租赁合同信息将得到多方验证，不得篡改。此举有望解决租房场景最核心的"真人、真房、真住"的问题。

2. 应用案例2

英诺天使基金天使投资的一个项目，专注于住房租赁行业的金融服务，其核心要点是租约授信，给房东提供流动性。这个公司积极迎接区块链时代，产品采用区块链技术改造，把租约标准化为智能合约，使得多方信用认证完整而清晰，并动态更新传输给业务链所有关联方。

区块链的应用发展很快，相关资料散落在网络和微信公众号，本书筛选并整理了其中一部分，更详细的资料，请有兴趣了解的读者上网查找。为避免商业广告嫌疑以及版权方面的考虑，对部分企业案例的厂商和产品名称做了相应处理。

参考阅读 2
比特币"过山车"行情重要节点

一、萌芽阶段

2013年以前,知道比特币的人并不多,关于比特币的报道也主要集中在一些新兴的科技媒体。当时了解比特币的都是对各种新兴科技敏感度高的人。据统计,2013年以前在著名虚拟币论坛BTT论坛活跃的用户占总用户数量的不到10%。这些都是先人一步的投资者,消息相对灵通,也容易接受新事物。这类投资者会意识到某一种新兴的投资机会,并且知道这类资产通常有实质性的上涨预期,但是要冒一定的风险。当时每一个比特币的价格只有几块或十几块人民币,那些敢于冒险的人,现在都获得了数十倍甚至上百倍的收益。

二、机构投资者介入

这一阶段,对于比特币来说,发生在2013年4月、5月。

参考阅读

2013年3月,塞浦路斯经济危机爆发,该国政府期望能得到欧盟的援助,后者回应表示,可以拨款100亿美元协助度过经济危机,但前提是塞浦路斯政府自行筹集58亿美元。

为拿到这一笔拨款,塞浦路斯总统阿纳斯塔夏季斯同意了该条件,并宣布向该国银行所有10万欧元以下的储户一次性征收6.75%存款税,10万欧元以上的储户征收9.9%存款税,为防止资本外逃,塞浦路斯国内银行均被关闭。

这一事件在全球引起轩然大波,并引起人们对货币背后国家信用背书的强烈质疑,也迫使许多人寻求新的资金出路。这使比特币再次进入了人们的视野,美国出版集团TDV Media创始人杰夫·贝里克宣布:"世界上第一台比特币自动取款机将率先部署到塞浦路斯。有了这种机器,塞浦路斯民众可以将储蓄兑换成比特币。"

这一事件火速催涨了比特币的价格,3月5日时,每个比特币的价值大约为40美元,月底便飙升至92美元,一周之后,上涨至266美元。

当时比特币数量突破1100万个,恰逢塞浦路斯经济危机事件,大量媒体对比特币进行报道，吸引了不少投资者跟风投入。这也是比特币价格第一次突破250美元。

三、大量媒体、公众的介入

暴涨之后往往会出现暴跌。2013年4月11日，比特币在突破250美元的高位后，转头向下，中途出现了短暂的反弹，但仍然再次下跌，直至105美元，一天之内，跌幅超过61%。由于比特币24小时的交易属性，很多人一觉醒来，发现资产已经折半。

据当时的报道显示，交易所在当天被攻击，无法登录；第二天，位于日本东京的比特币交易所Mt.Gox暂停交易半天后，于当晚10点再次开放，然而比特币价格持续下滑，最低一度跌至78美元，最终缓慢回升至100美元上下。

此次下跌的影响大约持续了3个月。6月，因美国国土安全部冻结Mt.Gox美国银行账号，比特币价格再次跌至70美元左右。

2013年10月初，丝绸之路网站使用比特币做交易，网站首席执行官（CEO）被抓捕的新闻出来后，不断吸引各种媒体对这一新鲜事物竞相报道，比特币价格则开始从700美元缓慢攀升。我国中央电视台也相继播发了不少关于比特币的采访报道，各种大小媒体陆续跟进。在比特币价格连续上涨了近一个月后，11月18日，借着美国相关政府机构证人给比特币贴上合法标签的利好，比特币价格一个晚上就翻了一倍之多，价格升到1000美元（约7000元人民币）以上。在2013年年中遭遇下跌后，下半年比特币的情况开始回升。这一年，比特币在中国逐渐流行开来，大量玩家进场，也不断推高其价格，到年底的时候，价格已经持续上升到1000美元以上。

四、狂欢式的价格泡沫

站在巨大泡沫之上的投资者，完全看不到当前的形势。各种比特币要取代法币的言论、比特币算力要上10000PB的言论充斥在行业里。但是现实是无情的，2013年1100美元的比特币就是一个巨大的泡沫。

好景不长，2014年1月到2月初期间，陆续有用户在Mt.Gox平台上发现，美元提现业务出现延时情况。2月7日，Mt.Gox声称因挤兑遇到了"技术问题",全部暂停了比特币的提现业务,比特币价格应声下跌,当天从827美元迅速跌至619美元,跌幅高达25%。

就在这一年,这家老牌比特币交易所遇到了前所未有的危机,几乎同一时间,一份流出的报告显示,在这一平台上,经过"数年来未被察觉的延展性相关盗窃,目前有744408个比特币丢失"。

2月10日上午10点,比特币价格闪电般从600美元跌至102美元,跌幅达80%。当天下午,Mt.Gox发布声明表示,比特币挖矿软件和协议机制存在根本缺陷,因此出现用户故障、提现延时和失败的情况。该声明被媒体解读为"无限期暂停提现"。

从2月14日到20日,受外界对Mt.Gox的一系列质疑影响,其平台上的比特币价格先后跌破300美元和100美元。2月25日,Mt.Gox因无法弥补客户损失而申请破产保护。

2014年3月全球最大比特币交易网站Mt.Gox破产,投资者血本无归。由于2013年下半年开始的比特币暴涨,吸引了大量的中国投资者入场,Mt.Gox破产导致的比特币价格暴跌是其在过去几年历次暴跌中,中国用户损失最高的一次。在国内市场上,比特币的交易价格从 8000 元以上跌至 3000 元左右，并在此后维持了长达 2 年的缓慢低迷期。

五、绝望抛售

2014 年一整年，狂欢式的价格泡沫结束以后，迎来了 2015 年一整年的绝望抛售。2015 年初，比特币价格甚至下探了 900 元人民币。随之而来便是各种绝望的言论，比特币行业逐渐萧条。由于找不到合适的盈利方式，各种创业公司不得不转行或者直接关门倒闭。

六、重新起航

在经历了 2013 年狂欢式泡沫后，现在比特币价格又重新站在了 600 美元以上，然而距离上次比特币最高价格 1100 美元还有一大段距离。

1. 最近一次暴涨

2017 年 11 月 6 日，比特币价格还是 6000 美元左右，随后的一个月时间里，比特币以过山车的速度狂涨到 2 万美元左右，上升角度接近 90°，这个比特币的过山车让无数人感到刺激和害怕。

在比特币的狂奔之路上，美国在 11 月底进入感恩节，美国人民见面的第一个话题就是比特币，美国主流电视节目也在播放比特币的电视剧，美国本土最大比特币交易软件下载排行突飞猛进。就在这些背景下，比特币在 2017 年 12 月 16 日冲到 2 万美元左右的历史最高价，完成了一个月 250% 的上涨幅度。

2. 暴涨之后的暴跌

（1）第一次暴跌　2017 年 12 月 16 日比特币暴涨至历史最高价 2 万美元之后，随即开始第一次暴跌，在一周的时间里面，于 12 月 24 日暴跌到 12000 美元左右，下跌幅度达到 50% 左右，让币友们无法快乐地度过圣诞节。这次暴跌的原因是前期涨幅太大，积累了很多获利盘，比特币在技术面的调整需要。

（2）第一次暴跌之后的反弹　12 月 18 日探至 11000 美元左右之后，比特币开始了半个月的反弹，于 2018 年 1 月 6 日，反弹到 18000 美元左右，反弹幅度达到 70% 左右。

（3）第二次暴跌　当比特币处于"新年掀起新一轮上涨"的叫喊声里时，它绝情地展开了 2018 年的暴跌行情，从 18000 美元一路狂跌到2月5日的6000美元左右，下跌幅度达到70%，继续无情地打击着币友的信心，考验着投资者的信仰。

（4）暴跌导火索

①2018年1月6日开始的暴跌，导火索是韩国政府表态要严厉打击数字币交易，甚至提出要关闭数字交易平台。在韩国政府的强势表态之后，韩国各政府机构展开对数字币的新一轮严厉监管，韩国的数字币交易量在全球排名前三位，韩国政府的表态和行动导致比特币等数字币暴跌的开始。

②屋漏偏逢连夜雨，在数字币一路大跌的过程中，日本的一个交易平台又发生了数字币被盗事件，击穿了许多币友的心理防线，导致很多恐慌盘大量卖出。被盗事件让许多老币友联想起多年前的日本Mt.Gox事件，导致比特币大幅下跌的阴影还在人们的心里无法抹去。

③正当比特币有企稳的迹象时，中国宣布了一系列的数字币监管政策，并且计划对境外交易平台进行监管，这个利空政策让比特币前期的5万元人民币的底部被轻易击穿。

④最关键的时刻是在2018年2月6日晚上11点，美国参议院

举行了数字币听证会,会议邀请美国证券交易所委员会和美国商品期货交易委员会(针对数字币)参加,最终定调数字币的政策和方向:整体为对数字币保持开放和包容的态度,加强对 ICO 的监管。就在比特币最低跌至 6000 美元左右的紧急时刻,美国的定调让比特币见底回稳,后上涨到 9000 美元左右。

参考阅读 3
我国政府有关比特币、代币发行融资的风险通知

**中国人民银行、工业和信息化部、
中国银行业监督管理委员会、中国证券监督管理委员会、
中国保险监督管理委员会关于防范比特币风险的通知**

近期，一种通过特定计算机程序计算出来的所谓"比特币"（Bitcoin）在国际上引起了广泛关注，国内也有一些机构和个人借机炒作比特币及与比特币相关的产品。为保护社会公众的财产权益，保障人民币的法定货币地位，防范洗钱风险，维护金融稳定，依据《中华人民共和国中国人民银行法》《中华人民共和国反洗钱法》《中华人民共和国商业银行法》《中华人民共和国电信条例》等有关法律法规，现将有关事项通知如下：

一、正确认识比特币的属性

比特币具有没有集中发行方、总量有限、使用不受地域限制和匿

名性等四个主要特点。虽然比特币被称为"货币",但由于其不是由货币当局发行,不具有法偿性与强制性等货币属性,并不是真正意义的货币。从性质上看,比特币应当是一种特定的虚拟商品,不具有与货币等同的法律地位,不能且不应作为货币在市场上流通使用。

二、各金融机构和支付机构不得开展与比特币相关的业务

现阶段,各金融机构和支付机构不得以比特币为产品或服务定价,不得买卖或作为中央对手买卖比特币,不得承保与比特币相关的保险业务或将比特币纳入保险责任范围,不得直接或间接为客户提供其他与比特币相关的服务,包括:为客户提供比特币登记、交易、清算、结算等服务;接受比特币或以比特币作为支付结算工具;开展比特币与人民币及外币的兑换服务;开展比特币的储存、托管、抵押等业务;发行与比特币相关的金融产品;将比特币作为信托、基金等投资的投资标的等。

三、加强对比特币互联网站的管理

依据《中华人民共和国电信条例》和《互联网信息服务管理

办法》，提供比特币登记、交易等服务的互联网站应当在电信管理机构备案。

电信管理机构根据相关管理部门的认定和处罚意见，依法对违法比特币互联网站予以关闭。

四、防范比特币可能产生的洗钱风险

中国人民银行各分支机构应当密切关注比特币及其他类似的具有匿名、跨境流通便利等特征的虚拟商品的动向及态势，认真研判洗钱风险，研究制定有针对性的防范措施。各分支机构应当将在辖区内依法设立并提供比特币登记、交易等服务的机构纳入反洗钱监管，督促其加强反洗钱监测。

提供比特币登记、交易等服务的互联网站应切实履行反洗钱义务，对用户身份进行识别，要求用户使用实名注册，登记姓名、身份证号码等信息。各金融机构、支付机构以及提供比特币登记、交易等服务的互联网站如发现与比特币及其他虚拟商品相关的可疑交易，应当立即向中国反洗钱监测分析中心报告，并配合中国人民银行的反洗钱调查活动；对于发现使用比特币进行诈骗、赌博、洗钱等犯罪活动线索的，应及时向公安机关报案。

五、加强对社会公众货币知识的教育及投资风险提示

各部门和金融机构、支付机构在日常工作中应当正确使用货币概念，注重加强对社会公众货币知识的教育，将正确认识货币、正确看待虚拟商品和虚拟货币、理性投资、合理控制投资风险、维护自身财产安全等观念纳入金融知识普及活动的内容，引导社会公众树立正确的货币观念和投资理念。

各金融监管机构可以根据本通知制定相关实施细则。

请中国人民银行上海总部，各分行、营业管理部、省会（首府）城市中心支行将本通知转发至辖区内各地方性金融机构和支付机构。本通知执行过程中发现的新情况、新问题，请及时向中国人民银行报告。

中国人民银行
工业和信息化部
银监会
证监会
保监会
2013 年 12 月 3 日

参考阅读

中国人民银行、中央网信办、工业和信息化部工商总局、银监会、证监会、保监会关于防范代币发行融资风险的公告

近期,国内通过发行代币形式包括首次代币发行(ICO)进行融资的活动大量涌现,投机炒作盛行,涉嫌从事非法金融活动,严重扰乱了经济金融秩序。为贯彻落实全国金融工作会议精神,保护投资者合法权益,防范化解金融风险,依据《中华人民共和国人民银行法》《中华人民共和国商业银行法》《中华人民共和国证券法》《中华人民共和国网络安全法》《中华人民共和国电信条例》《非法金融机构和非法金融业务活动取缔办法》等法律法规,现将有关事项公告如下:

一、准确认识代币发行融资活动的本质属性

代币发行融资是指融资主体通过代币的违规发售、流通,向投资者筹集比特币、以太币等所谓"虚拟货币",本质上是一种未经批准非法公开融资的行为,涉嫌非法发售代币票券、非法发行证

券以及非法集资、金融诈骗、传销等违法犯罪活动。有关部门将密切监测有关动态,加强与司法部门和地方政府的工作协同,按照现行工作机制,严格执法,坚决治理市场乱象。发现涉嫌犯罪问题,将移送司法机关。

代币发行融资中使用的代币或"虚拟货币"不由货币当局发行,不具有法偿性与强制性等货币属性,不具有与货币等同的法律地位,不能也不应作为货币在市场上流通使用。

二、任何组织和个人不得非法从事代币发行融资活动

本公告发布之日起,各类代币发行融资活动应当立即停止。已完成代币发行融资的组织和个人应当做出清退等安排,合理保护投资者权益,妥善处置风险。有关部门将依法严肃查处拒不停止的代币发行融资活动以及已完成的代币发行融资项目中的违法违规行为。

三、加强代币融资交易平台的管理

本公告发布之日起,任何所谓的代币融资交易平台不得从事法定货币与代币、"虚拟货币"相互之间的兑换业务,不得买卖或作为中央对手方买卖代币或"虚拟货币",不得为代币或"虚拟货币"提供定价、信息中介等服务。

对于存在违法违规问题的代币融资交易平台,金融管理部门将提请电信主管部门依法关闭其网站平台及移动APP,提请网信部门对移动APP在应用商店做下架处置,并提请工商管理部门依法吊销其营业执照。

四、各金融机构和非银行支付机构不得开展与代币发行融资交易相关的业务

各金融机构和非银行支付机构不得直接或间接为代币发行融资和"虚拟货币"提供账户开立、登记、交易、清算、结算等产品或服务,不得承保与代币和"虚拟货币"相关的保险业务或将代币和"虚拟货币"纳入保险责任范围。金融机构和非银行支付机构发现代币发行融资交易违法违规线索的,应当及时向有关部门报告。

五、社会公众应当高度警惕代币发行融资与交易的风险隐患

代币发行融资与交易存在多重风险,包括虚假资产风险、经营失败风险、投资炒作风险等,投资者须自行承担投资风险,希望广大投资者谨防上当受骗。

对各类使用"币"的名称开展的非法金融活动,社会公众应当强化风险防范意识和识别能力,及时举报相关违法违规线索。

六、充分发挥行业组织的自律作用

各类金融行业组织应当做好政策解读,督促会员单位自觉抵制与代币发行融资交易及"虚拟货币"相关的非法金融活动,远离市场乱象,加强投资者教育,共同维护正常的金融秩序。

写在后面的话
▲ ▲

全球大多数发达国家和发展中国家正在面临一次全新技术浪潮的冲击。这是人类政治、经济和社会发展的长周期之一，在每个这样的周期里，都出现了新的革命性技术。很多人现在倾向于把区块链作为即将到来的第四次工业革命的核心技术，但也有人认为是人工智能技术。我觉得这个问题现在还不急于做出结论。因为旧的经济长周期即将结束，而我们进入互联网技术开启的新时代还不算太久。

我更愿意把下一个经济增长周期看作是以智能机器人和物联网为主要推动力的时代，这里面包含了人工智能、大数据、大容量高速计算技术（如云计算、量子计算等）和物联网。这些都是生产力提升的直接贡献者，它们对于下一个经济繁荣期的贡献是怎么强调也不过分的。

但是，正如我们在前面反复讨论过的，这些新技术在旧的社会结构里，特别是现有的生产关系中，发展会受到很大限制。人类从古至今，一直在分分合合中前进。资源垄断和自由，周而复始，不断循环。而直到今天并没有一种机制能够终止这个循环。其中一个关键原因是社会一切结构的中心化和科层化。自由是可贵的，共识同样可贵，但是如何平衡好自由和共识，一直是人类社会的一大难题。

区块链技术打着"去中心化"的旗帜横空出世了，确实引人瞩目，令人心驰神往。但是，尽管理想很丰满，现实却相当骨感。人类几千年早已形成的中心化的社会结构和关系如何突破，不仅要靠新的可靠的技术，还需要一个制度演进变迁的漫长过程。其中制度路径依赖的阻力是强大的，怎么强调都不过分。

在中国，区块链的兴起借助了加密数字币的炒作，有点令人目不暇接。加密数字币是区块链技术 1.0 应用，目前已经比较成熟，加密数字币的品种达到数千种。而智能合约被看作区块链技术 2.0 应用，尽管金融行业正在尝试，但还没有出现遍地开花的兴盛状况。人们似乎已经迫不及待地开始讨论区块链技术 3.0 的应用了。这种情况本身就说明，人们可能操之过急了，而技术从理论到实践，必然有一个不可逾越的过程。换言之，区块链这个话题过热了，已经出现了泡沫。

由于方向走偏，加密数字币本身的技术仍有缺陷，比如比特币的耗电量问题、计算速度问题，但是人们并没有在技术完善的方向上达成共识。区块链技术 2.0 在金融行业的应用也远远谈不上顺利，甚至可以说阻力重重。因为金融行业已有的信息系统形成了巨大的沉没成本，所有业务模式都产生了对现有系统的依赖性，很难将区块链技术的革命性影响释放出来。这将是一个逐步小范围试用和系统改良的漫长过程。

金融行业对技术变革的适应速度较慢。从传统的依靠存贷和结算业务、纸质记录发展到使用计算机和内部局域网的现代金融业态也不到 30 年时间。最近十年，商业银行都在忙不迭地向互联网金融和移动金融转变，很难在这么短的时间里再转向区块链金融。这是一个现实问题，不会以人的主观能动性为转移。更何况区块链技术本身仍有待完善，其安全性、存储能力和处理速度都难以满足现代金融服务的需要。

区块链技术在目前应用最火、接受程度最高的金融行业尚且如此，那些经历了互联网时代而占据战略主导地位的大互联网企业更是难啃的"硬骨头"。这个中心化的社会已经沉没了太多资源构建一个尚且能够运行良好的巨大生态系统，大部分人和机构都有自己的位置和领地。在这样的情况下，我相信动荡变革是不合适也难以出现的。

我相信区块链的"去中心化"在很长一段时间里，将表现为"弱中心化"或者"局部去中心化"，一个网状错综复杂的社会结构会先块状化，这是一个多中心的、去中介的、自组织的、共享数据的可信任网络，现有的以及传统行业将逐步被区块链思维重构，一个崭新的"区块链"应用时代正在向我们走来。

乌托邦式的梦想和激进不能解决实际遇到的问题。我们将以一种开放包容的心态观察和适应这种新技术带来的变化，在新技术大潮中学会游泳，先生存下来，再寻找更好的发展机会。

郑磊